Ruth Frey
Arbeit unter Kindern

Ruth Frey

Arbeit unter

Kindern

Eine praktische
und methodische Anleitung
zur Durchführung von
Kindergottesdiensten, Sonntagsschule
und Kinderstunden im eigenen Heim.

CHRISTLICHE
MISSIONS-
VERLAGS-
BUCHHANDLUNG

ISBN 3-932308-07-7
Arbeit unter Kindern
1. Auflage 1972: Brendow Verlag
8. unveränderte Auflage 1983
© 1997: CMVB, Christliche Missions-Verlags-Buchhandlung,
Bielefeld
Gesamtgestaltung: CMVB
Druck: St.-Johannis-Druckerei, C. Schweickhardt GmbH & Co KG
Printed in Germany

Vorwort

Vielleicht wird jemand fragen: Es gibt doch schon neuere Bücher über Kinderarbeit, warum wird dieses alte Buch nun wieder aufgelegt? – Doch dieses Buch hat seine Besonderheiten. Es ist kein reines Lehrbuch für Sonntagsschullehrer und auch keine theoretische Abhandlung über den Umgang mit Kindern. Hier geht es auch nicht darum, wie man mit Kindern die Zeit verbringt, nur um sie ruhig und zufrieden zu halten.

Das Ziel der Autorin ist es vielmehr, zu zeigen, wie man Kindern hilft, im Wort Gottes wirklich fest zu werden. Mit diesem Anliegen wendet sie sich an alle Christen, die mit Kindern zu tun haben – an Eltern, Sonntagsschullehrer usw.

Die Ausführungen von Ruth Frey bieten eine gute Einführung in die Kinderarbeit. Sie sind nicht nur sehr hilfreich für alle, die darin am Anfang stehen, sondern auch herausfordernd für diejenigen, welche sie schon seit Jahren tun. Denn: Wer Kindern das Wort Gottes weitergeben will, muß selbst von diesem Wort ergriffen sein.

Wir hoffen, daß dieses Buch vielen eine Hilfe sein wird, ein Segen für Kinder zu sein, die ihm anvertraut worden sind.

Der Herausgeber

Vorwort

»Die mich frühe suchen, finden mich!«

Auf die Bitte vieler Freunde, die sich darum bemühen, den Kindern die Frohe Botschaft nahezubringen, entstand dieses Buch. Es versucht zu zeigen, wie Kinder denken und handeln, wenn sie mit dem Evangelium in Berührung kommen. Und es möchte anhand von methodischen Hinweisen und praktischen Beispielen Antwort geben auf die vielen Fragen, die jeden beschäftigen, der Kindern von der Liebe Gottes weitersagen will.

Es gibt keine »Patentlösung«, die für jedes Kind gültig wäre. Gottes Wort aber enthält die Antwort. Es gilt, Kinder in solcher Weise mit dem Wort Gottes anzusprechen, daß sie davon erfaßt werden und es verstehen können.

Als ich diese Arbeit schrieb, dachte ich nicht nur an Kindergottesdienst- und an Sonntagsschulhelfer. Mein Wunsch ist vielmehr, daß besonders die Mütter dadurch Mut gewinnen, sich in ihren Wohnzimmern mit den eigenen Kindern und Jungen und Mädchen aus der Nachbarschaft zusammenzusetzen und ihnen von der Liebe des Gottessohnes zu erzählen.

Ruth Frey

Inhaltsverzeichnis

Einleitung   **15**

I. Ordnung in der Stunde   **17**

A. Wo liegen die Gründe für die Unruhe?   *18*
1. Der geistliche Grund   18
2. Unaufmerksamkeit   19
3. Unruhe durch äußere Umstände   21
4. Unruhe durch Wachstumsperioden des Kindes   21
5. Unruhe durch mangelnde Disziplin im Elternhaus   22
6. Unruhe durch Haltung und Vorbereitung des Lehrers   22
7. Unruhe durch falsche Einteilung und Durchführung der
Stunde   23

B. Wie können Unruhe und Störung
    überwunden werden?   *23*
1. Das Verhüten der Ursache   24
2. Das Überwinden der Unruhe   24
3. Die Einstellung des Lehrers   27

II. Spannend und wichtig:
      Die biblische Geschichte   **30**

A. Die Wichtigkeit der biblischen Geschichte   *31*
1. Ist es denn überhaupt notwendig, schon Kinder
mit der biblischen Geschichte vertraut zu machen?   31
2. Warum ist für Kinder das Erzählen
der biblischen Geschichten besser als eine Predigt?   32
3. Was für eine Botschaft braucht das Kind?   33

B. Die Vorbereitung
    der biblischen Geschichte   *35*
1. Das Lesen nach verschiedenen Gesichtspunkten   36
2. Die Wiederholung   37
3. Die Planung   38
4. Die Anwendung   39
5. Die Einleitung oder das Heranführen
an die Geschichte   42
6. Visuelle Hilfen   43

C. Die Darbietung der biblischen Geschichte *43*
1. Das Äußere des Erzählers 44
2. Die Sprache des Erzählers 45
3. Das Überwinden der Unruhe 47
4. Die Gelegenheit zum persönlichen Gespräch 47

D. Sollen die Kinder nur
 biblische Geschichten hören? *48*

III. Der seelsorgerliche Dienst am Kind 49

A. Wie führe ich ein Kind zu Jesus Christus? *49*

B. Kinder brauchen einen freien Weg
 zum Sohn Gottes *51*

C. Warum ist es wichtig, daß Kinder schon im
 Kindesalter zu Jesus kommen dürfen? *52*
1. Keine Altersgruppe zeigt eine
annähernd große Bereitschaft 52
2. Das Kinderherz ist noch nicht hart geworden 52
3. Das Kind hat sein Leben vor sich 53

D. Hindernisse durch Erwachsene *53*
1. Das Elternhaus 53
2. Das Alter des Kindes 54
3. Der Glaube des Kindes 54
4. Das Verständnis des Kindes 55
5. Die Entscheidungsfähigkeit des Kindes 55
6. Die Treue des Kindes 55

E. Grundsätzliche Unterschiede in der Seelsorge
 zwischen Erwachsenen und Kindern *57*
1. Das Kind braucht eine einfache Erklärung
des Heilsplanes Gottes 57
2. Auf ein oder zwei Bilder konzentrieren 57
3. Ein Kind wird menschlich leicht beeinflußt 58

F. Wer kann den Kindern
 seelsorgerlich helfen? *58*
1. Persönliche Errettung und Gemeinschaft mit Gott 58
2. Die Überzeugung, daß Kinder sich entscheiden können 58
3. Kenntnis der Heiligen Schrift 58

4. Das Gebet für die Kinder   58
5. Ein Blick über den Anfang hinaus   59
6. Liebe zu den Kindern   59
G. Die Einladung   *59*
1. Wie kann die Einladung gegeben werden?   60
2. Wann kann die Einladung gegeben werden?   62
H. Was muß ein Kind wissen, um sich
   entscheiden zu können?   *63*
1. Die Notwendigkeit eines vorbereitenden Gespräches   63
2. Was muß das vorbereitende Gespräch enthalten?   64
I. Praktische Vorschläge beim
   seelsorgerlichen Gespräch   *72*
1. Der Beginn des Gesprächs   72
2. Die Durchführung des Gespräches   73

IV. Die Nacharbeit   **78**

A. Was ist Nacharbeit?   *78*
1. Das Anerkennen des gläubigen Kindes   79
2. Beobachten der Kinder im Alltag   79
3. Kennenlernen der Heiligen Schrift
ist Voraussetzung zum Gehorsam   80
B. Was ist das Ziel der Nacharbeit?   *82*
C. Wie ist dieses Ziel zu erreichen?   *82*
1. Was bedeutet »Lehren«?   83
2. Ist die Lehre des Neuen Testaments
für ein Kind nicht zu schwer?   83
3. Wann soll gelehrt werden?   83

V. Fröhliches Singen   **103**

A. Warum ist das Singen in der Kinderstunde
   so überaus wichtig?   *104*
1. Kinder werden eine Gemeinschaft   104
2. Ihre überschüssige Energie wird sinnvoll
angewandt und gebraucht   105
3. Das Lied als Vorbereitung für die Botschaft   105
4. Durch das Lied kommt Gottes Wort in das Kinderherz   105
5. Das Singen ist eine geistliche Notwendigkeit   107

B. Wer leitet das Singen?   *108*

C. Was ist notwendig, um das Singen zu leiten?   *109*
1. Stimme   109
2. Freundlichkeit zu Kindern lohnt sich   109
3. Vertrauen gibt Sicherheit   110
4. Handbewegungen   110

D. Ein neues Lied wird gelehrt   *111*
1. Nichts voraussetzen   111
2. Gründlich lernen   111
3. Gute Erklärungen erleichtern das Lernen   111
4. Mithilfe des Instrumentalisten   112
5. Wiederholung ist notwendig   112

E. Illustrationen   *113*
1. Die Wandtafel   113
2. Die Flanelltafel   113
3. Kartontafeln   113

F. Die Einteilung der Singzeit   *115*
1. Der Choral   115
2. Das Evangeliumslied   116
3. Chorusse, Kanons   116

VI. Das Gebet in der Kinderstunde   118

A. Persönliche Voraussetzung   *119*

B. Was ist das: Gebet?   *120*

C. Praktische Erklärung des Gebets   *121*
1. Das Familienverhältnis   121
2. Biblische Geschichten   122
3. Hindernisse der Erhörung   122
4. Gebetserhörungen   123

D. Der Beginn der Gebetszeit in der Kinderstunde   *126*
1. Die Vorbereitung zum Gebet   126
2. Das Danken   126
3. Kurze Gebete   127
4. Vorsicht vor Zwang   127
5. Die Tat muß dem Gebet folgen   127
6. Ermunterung zum Gebet zu Hause   129
7. Schwierigkeiten in der gemeinsamen Gebetszeit   130

VII. Sprüche lernen – leichtgemacht   **131**

A. *Das Wort Gottes im praktischen Leben*   *131*
B. *Warum soll gerade das Kind*
    auswendig lernen?   *134*
1. Grundstock der Gewohnheiten   134
2. Was in der Kindheit gelernt wird, bleibt   135
3. Nahrung und Grundlage zum Zeugnis   135

C. *Auswendiglernen mit Freude?*   *135*
1. Durch Verständnis und Interesse   135
2. Lernen in der Kinderstunde   136

VIII. Kinderstunde und Mission   **147**

A. *Voraussetzungen zum missionarischen Unterricht* 148
1. Leben und Einstellung   148
2. Kenntnis der Schrift   148

B. *Die Notwendigkeit der Missionsaufklärung*
    für das Kind   *148*
1. Vorrecht und Verantwortung
des missionarischen Einsatzes   148
2. Das Kind steht noch vor der Berufsentscheidung   149
3. Die Kinderstunde als Ort der Vorbereitung   149

IX. Der Gebrauch der visuellen
    Hilfsmittel   **153**

A. *Dürfen bildhafte Darstellungen im biblischen*
    Unterricht gebraucht werden?   *154*

B. *Vorteile der visuellen Methode*   *155*

C. *Herstellung und Gebrauch*
    des Anschauungsmaterials   *156*
1. Die Darstellung des Hauptgedankens   156
2. Einfaches Material   156
3. Verschiedene Arten vermeiden Ermüdung   157

X. Verschiedene Möglichkeiten Kinder zu erreichen   159

A. *Die Familie*   *159*

B. *Kindergottesdienst und Sonntagsschule*   *162*
1. Wer lehrt die Kinder?   163
2. Welche Vorbereitung haben die Helfer?   163
3. Helferdienst nur Sonntagmorgen?   164
4. Was haben die Kinder gelernt?   164
5. Beginn und Ende der Stunde   165
6. Fühlen sich die Kinder im Kindergottesdienst wohl?   165
7. Nimmt die Zahl der Kinder zu?   166

C. *Die Kinderstunde im Haus*   *168*

D. *Besondere Gelegenheiten*   *168*
1. Die Kinderwoche   168
2. Freizeiten   169
3. Jungscharwerbewochen   169
4. Ferienbibelschule   169
5. Kindertag   171
6. Kinderarbeit im Freien   171
7. Radioarbeit   172

Einleitung

Da sind sie!

Sie liegen auf dem Teppich, Kopf aufgestützt, und verschlingen ein Buch! Nichts kann sie stören...

Sie sitzen in der Klasse beim Rechenunterricht, schauen aus dem Fenster, beobachten den Lehrer, ärgern den Vordermann! Sie springen die Treppe hinauf, zwei Stufen auf einmal: »Mutti, ich hab' Hunger!«

Sie schleppen die schwere Einkaufstasche nach Hause;

flitzen auf Rädern, Rollschuhen, Inline-Skates über die Straße;

mühen sich mit Schreiben und Lesen, mit Englisch und Mathematik;

sitzen gebannt vor dem Bildschirm und verbringen Stunden in der Phantasiewelt des Computerspiels;

helfen im Haus;

toben glücklich mit ihrem Ball im Garten.

Große und Kleine sind es, traurig und froh, übermütig lachend oder sich scheu versteckend, in froher Familie oder jammervoll einsam mit großen suchenden Augen;

in Krüppelanstalten, hilflos krank zu Hause, in Blindenheimen; verzweifelt versuchend, einen Sinn für ihr Leben zu finden.

Hier gehen einige gut gekleidet mit ihren vornehmen Eltern. Ein paar Straßen weiter prügeln sich andere im Schmutz, verwahrlost, frech, sich selbst überlassen, jedem im Weg ...

Kinder in Europa, die meisten satt, ordentlich gekleidet, mit einem geregelten Leben vor sich ...

Millionen Jungen und Mädchen in Indien, Korea, Afrika, Asien. Sie kennen nichts als Hunger und Elend; keine Liebe: weder menschliche noch göttliche; kein Geborgensein, keinen Schutz.

Da sind all die roten, schwarzen, gelben, braunen und weißen Kinder. So verschieden! Alle haben andere Auffassungen, eine andere Erziehung, ein anderes Ziel.

Und doch! Gibt es nichts Gemeinsames? Wirklich nicht?

Ganz gleich, wer sie sind und woher sie kommen: sie gehören alle zu den Menschen, von denen Gott sagt: »Denn es ist hier kein Unterschied: sie sind allzumal Sünder ...« (Röm. 3,23)

Aber das ist nicht alles, Gottes Sohn ruft: »So ist's auch nicht der Wille bei eurem Vater im Himmel, daß auch nur eines von diesen Kleinen verloren werde.«

Gott will sie retten: »Damit sie auf Gott ihre Hoffnung setzten und nicht vergäßen der Taten Gottes und seine Gebote hielten.«

Wie aber können sie einem Gott vertrauen, von dem sie nichts gehört haben, den sie nicht als ihren Gott kennenlernten?!

Kinder sollen Gott vertrauen können? Ja. Für sich selbst und damit sie es weitersagen, wenn sie selbst wieder Kinder haben.

»Er richtete ein Zeugnis auf und gab ein Gesetz, das er unseren Vätern gebot, ihre Kinder zu lehren. Auf daß es die Nachkommen lernten und die Kinder, die noch sollten geboren werden; wenn sie aufkämen, daß sie es auch ihren Kindern verkündigten ..., ... daß sie nicht würden wie ihre Väter, eine abtrünnige und ungehorsame Art, dessen Herz nicht fest war und dessen Geist nicht treulich hielt an Gott.« Psalm 78

I. Ordnung in der Stunde

Heute kommt Erwin früh. Vorsichtig probiert er an der Tür. Wider Erwarten offen! Er tritt in den Raum und sieht sich um. Die Stühle stehen ordentlich. Alles ist still. Er ist ganz allein. Hei! da fliegt seine Mütze durch den Raum! Pech – ! sie ist nicht am Haken hängengeblieben. Auf dem Weg zum Klavier rennt er ein paar Stühle um. Das gibt Krach! Schon ist der Klavierdeckel aufgeschlagen. Erwin macht Musik. Mehr laut als schön, aber das gefällt ihm. Da steckt Hans seinen Kopf durch die Tür. Erwin winkt:»Komm her, ist noch niemand da!« Das Klavierkonzert wird doppelt so laut. Inzwischen kommen die andern, rennen und toben durch den Raum. Kaum ein Stuhl steht noch auf dem richtigen Platz. Der Lärm ist kaum auszuhalten. Punkt elf Uhr betritt die Helferin den Raum, hastet nach vorn und versucht, sich verständlich zu machen. Allmählich kommt ein wenig Ruhe über die Kinder, aber der eigentliche Sinn der Stunde ist verloren.

Kostbare Zeit, wenn man daran denkt, daß für manche Kinder diese sechzig Minuten in der Woche die einzige Möglichkeit bedeuten, etwas von Jesus Christus zu hören!

Bei einer anderen Gruppe sind Lehrer und Helfer früh genug da. Sie unterhalten sich aber miteinander. Hier und da begrüßen sie eins der Kinder, das sich bemerkbar macht. Die andern Kinder setzen sich mehr oder weniger ordentlich auf die Plätze. Endlich muß die Unterhaltung abgebrochen werden: Es ist elf Uhr! Das erste Lied wird vorgeschlagen. Einige Jungen haben sich noch viel zu erzählen. Drüben kichern zwei Mädchen. Mit lauter Stimme beginnt der Leiter zu singen. Einige fallen ein. Beim letzten Vers scheinen endlich fast alle dabeizusein ...

Wie wohl nach so einem Beginn der Verlauf einer Stunde sein wird?

Im schönen hellen Raum sitzen etwa vierzig Kinder zusammen. Hinten in der Ecke Erika und Isabella. Immer wieder wispern sie und finden kein Ende, obwohl sie genug energische Stöße von den Nachbarinnen bekommen. Und bei den Jungen gibt Jochen keine Ruhe. Immer dieselben Kinder, die es schwermachen! Die Lehrer haben fast keinen Mut mehr. Wenn diese drei fehlen, geht es leicht. Aber sie nach Hause zu schicken? Das wäre auch nicht richtig.

Eine Bibelklasse ist um elf Uhr erst halb vertreten. Alle Jungen sitzen auf den Plätzen, aber nur eins der Mädchen. Der Leiter wartet fünf Minuten, sieben Minuten. Nichts rührt sich draußen. Endlich beginnt er. Die Enttäuschung ist seiner Stimme anzumerken. Die Kinder sind eifrig dabei, bis sie von den hereinstürzenden Mädchen jäh unterbrochen werden. –

Tage später kommen wir ins Gespräch über den Sonntag. Ulrike sagt bedrückt: »Ich warte immer, daß eine andere pünktlich ist, dann werde ich es auch. Aber eine muß anfangen!« Auf meine Frage: »Warum bist du nicht die eine?« läßt sie den Kopf hängen.

Bei jedem Zusammensein von Kindern kann es Disziplinschwierigkeiten geben. Jungen und Mädchen versuchen die Gelegenheit zu benutzen, um ihre Ideen zu verwirklichen. Oft haben sie auch das Empfinden von zwei Fronten: Kinder gegen Erwachsene. »Wir wollen ihnen heute mal zeigen, was wir können!« Eine prickelnde Spannung liegt für sie in dem Gedanken: Ob er sich heute wieder so aufregt wie am letzten Sonntag?

Vielleicht treten die Schwierigkeiten nur gelegentlich auf und betreffen ein einzelnes Kind, das alle andern ansteckt. Manchmal sind mehrere da, die stören wollen. Und es gelingt ihnen! Sei es nun bewußtes Stören oder gelegentliche Unruhe: Kinder können dann das Wort Gottes nicht richtig hören, die Lehrer werden mutlos, und die einzelnen Stunden sind ein ununterbrochener Kampf um Ordnung und Ruhe.

A. Wo liegen die Gründe für die Unruhe?

1. Der geistliche Grund

Wo das Evangelium verkündigt wird, gibt es Kampf. Der Feind Gottes versucht alles, um zu verhindern, daß Gottes Wort in die Herzen eindringt. Wenn es aber doch geschieht, soll die Wirkung so gering wie möglich sein.

a) Erwachsene

Bei den Erwachsenen wirkt sich das z. B. im geringen Besuch der Gottesdienste und Evangelisationen aus. Wie viele Ge-

18

bete, Vorbereitungen und Einladungen sind nötig, um Gleichgültigkeit zu überwinden und fernstehende Menschen zum
Hören zu bewegen! Und wenn sie gekommen sind, sitzen sie
zwar ruhig, aber niemand weiß, ob ihre Gedanken nicht hier-
und dorthin wandern oder wirklich der Ansprache folgen.

Kinder sind leichter einzuladen. Sie fragen eher nach Gott   b) Kinder
und interessieren sich für biblische Geschichten. Unter ihnen
befindet sich ein hoher Prozentsatz von Kindern aus Häusern,
in denen man das Wort Gottes nicht kennt oder ablehnt. Die
Eltern lassen sie trotzdem gehen: »Es kann ja nicht schaden.«
– »Da weiß man wenigstens, daß sie gut aufgehoben sind.« –
»Für uns ist es ja nichts, aber die Kinder sollen es wissen. Das
gehört zu ihrer Bildung.«

Ist es da ein Wunder, wenn mit solchen Kindern Schwierigkeiten eintreten? Sie sind bereit, das Wort Gottes zu hören und
kommen dadurch mit der Kraft Gottes in Berührung. Ihr
Leben wird verändert, wenn sie es annehmen und danach handeln. Hier kann der Feind nicht durch Gleichgültigkeit verhindern, daß das Wort wie ein Same ins Herz dringt, wohl aber
durch Unruhe und Störung. Wie oft sagen Kinder bedrückt
nach der Stunde: »Ich wollte das nicht tun, aber es war auf
einmal da!« Manchmal kann man beobachten, wie Einzelne
sich aus eigenem Antrieb auf einen andern Platz setzen, damit
sie nicht in Versuchung kommen zu stören.

Die Front heißt also nicht: Kinder gegen Erwachsene, sondern Licht gegen Finsternis.

Dieses Wissen ist notwendig zur richtigen inneren Einstellung. Es bewahrt den Erwachsenen davor, den Fehler nur
beim Störenfried zu suchen und dadurch dem Kind Enttäuschung und Unmut zu zeigen. Wer den wahren Feind sieht,
wird ein Kind, das die ganze Gruppe durcheinanderbringt,
nicht verurteilen, sondern verstehen, ja lieben lernen.

Ein weiterer Grund für Schwierigkeiten in der Disziplin liegt   *2. Unauf-*
in der Unaufmerksamkeit der Kinder. Wie oft seufzt der   *merksamkeit*
Leiter: »Heute hat Erika wieder gar nicht aufgepaßt.« Dabei
hat sie aufgepaßt, nur nicht bei dem, was *er* sagte!

Unaufmerksamkeit bedeutet nicht notwendigerweise das
Fehlen der Aufmerksamkeit an sich. Die Kinder konzentrieren
sich nur auf einen anderen Gegenstand als auf den, der ihnen
vor Augen geführt wird.

Da liegt z. B. ein Junge auf dem Teppich, die Finger in den Ohren. Er liest und liest ein Indianerbuch. Er bemerkt nicht, daß draußen Autos vorbeirasen. Er hat nicht einmal gesehen, wie sich die Tür öffnet und der Vater zurückkommt. Zweimal muß er gerufen werden, bevor er aus den riesigen Wäldern ins Wohnzimmer zurückfindet ...

Er zwingt sich nicht zur Aufmerksamkeit. Er kann gar nicht anders, so gepackt ist er.

Wenige Stunden später sitzt derselbe Junge über ein Erdkundebuch gebeugt. Sobald er einen Wagen hört, schweifen seine Blicke auf die Straße. Dann schaut er sich nach der spielenden Schwester um. Mit einem Ruck wendet er sich von neuem seiner Arbeit zu, weil er ja mit den Schularbeiten fertig werden möchte. Er muß sich zur Aufmerksamkeit zwingen.

Es heißt also, die Aufmerksamkeit der Gruppe zu gewinnen und sie zu halten, wenn sie abwandern will. Denn:

Aufmerksamkeit ist die Mutter des Lernens, und Interesse ist die Voraussetzung für Aufmerksamkeit.

Man kann gespannte Aufmerksamkeit von Kindern nicht verlangen. Sie wird automatisch eintreten, sobald die Gedanken der Jungen und Mädchen von dem, was wir sagen, gefesselt werden.

Dazu können – bildlich gesprochen – vier Tore benutzt werden.

a) Das »Ohr-Tor«

Das Zuhören der Kinder richtet sich nach der Art des Sprechens. Zu eintöniges, zu lautes, zu leises, zu unnatürliches und steifes Erzählen veranlaßt Kinder zum Stören. Es wird ihnen so langweilig, daß sie etwas unternehmen müssen! Kinder sind lebendig, und was lebendig ist, bewegt sich.

b) Das »Auge-Tor«

Es ist eine große Hilfe, wenn der Blick der Kinder durch Bewegungen, Mienenspiel, Bilder oder Gegenstände angezogen wird; dann ist es fast unmöglich, daß die Gedanken abschweifen.

c) Das »Sprech-Tor«

Wenn es gelingt, Kinder zur Mitarbeit im Antworten oder Fragen zu bringen, bereitet es keine Schwierigkeit, ihnen die Botschaft ins Herz zu sagen.

d) Das »Tast-Tor«

Nicht immer bekommen Kinder etwas zum Malen, Basteln oder Formen in die Hand. Schon kleine Bewegungen, die sie bei einem Lied oder Spruch mitmachen können, helfen. Durch das Mitmachen mit Händen und Füßen vertieft sich das Gehörte am stärksten.

20

Wo liegen die Gründe für die Unruhe?

a) Kindergottesdienst, Sonntagsschule, Hausbibelklasse, Jungscharstunde sind kein Schulunterricht. Die Kinder kommen aus eigenem Interesse oder werden von den Eltern geschickt. Sie wissen: Es gibt keine Zensuren, für die sie sich zusammennehmen müssen. Darum brauchen die Kinder eine interessante Stunde, damit sie freiwillig ruhig sind.

3. Unruhe durch äußere Umstände

b) Vielleicht reicht der Raum nicht aus. Die Kinder sitzen gedrängt. Sie stoßen sich. Sitzen zwei Jungen auf einem Stuhl, sind sie bald mitten im Boxkampf. Sitzen zwei Mädchen zu eng nebeneinander, flüstern und kichern sie. Vielleicht haben einige einen so unglücklichen Platz, daß sie den Leiter nicht sehen können. Dann rutschen sie die ganze Stunde hin und her, weil sie unbefriedigt sind.

Sind die Stühle zu hoch? Versuchen Sie einmal selbst, eine Stunde ruhig zu sitzen, wenn Ihre Füße den Boden nicht berühren können. Dann wird verständlich, warum die Füße der Kinder sich dauernd bewegen.

c) Oft spielt das Wetter eine Rolle. Es gibt Jahreszeiten und Tage, an denen die Kinder einfach nicht stillsitzen können. Scheint ihnen die Sonne direkt ins Gesicht? Ist es zu warm?

Sonntag mittag um 1 Uhr beginnt in einem Dorf die Sonntagsschule. Es ist stickig heiß im Saal, und die Kinder rutschen hin und her, als ob überall Ameisen herumlaufen würden. Ich bitte den Leiter: »Öffnen Sie doch bitte das Fenster.« Erstaunt fragt er: »Ganz?« Kaum strömt die klare Winterluft herein, hat alle Not ein Ende. Natürlich ist es am Schluß ein bißchen kühl, aber für die Kinder geht es so viel besser.

Gewöhnlich sind aber die äußeren Umstände nicht der Hauptgrund für Unruhe in der Gruppe. Darum gilt die besondere Aufmerksamkeit dem Kind selbst.

Liegt der Hauptgrund in der Art des Kindes? »Kinder sollen stillsitzen können, und wenn sie einzeln oder als Gruppe ungehorsam und unwillig sind, liegt es an ihnen! Sie sollen ruhig sein und sich zusammennehmen.« So sagen wir vielfach.

Aber ist es damit getan? Das Wachstum der Kinder erklärt ihre dauernde Unruhe. Deshalb sollte die Stunde in mehrere kurze Abschnitte eingeteilt werden. Die Kinder sollten Gelegenheit haben, beim Singen aufzustehen und sich zu bewegen. Immer wieder zeigt die Erfahrung, daß ein Kind, das vorher nie Schwierigkeiten gemacht hat, plötzlich bockt und stört. Es

4. Unruhe durch Wachstumsperioden des Kindes

liegt kein sichtbarer Grund vor, warum es sich so verändert hat. Solche Perioden vergehen zwar, aber in jedem Fall braucht das Kind Liebe und Festigkeit.

5. Unruhe durch mangelnde Disziplin im Elternhaus

Für viele Jungen und Mädchen ist es sehr schwer, sich nach den Anordnungen der Lehrer zu richten, weil sie zu Hause tun und lassen können, was sie wollen. Ein Kind erzählt: »Mein Vater sagt manchmal: Tu das nicht! Aber er paßt nie auf, ob ich gehorche. Dann sage ich einfach nichts und mache doch, was ich will.«

Wundern wir uns, wenn solche Kinder auch bei uns ausprobieren, ob sie – wie gewohnt – tun können, was sie wollen?!

Neben der Achtung vor den Erwachsenen fehlt in vielen Häusern auch die Achtung vor Gott und seinem Wort. Wie oft werden Kinder zu Hause ausgelacht, wenn sie begeistert erzählen, was sie gehört haben. Sie bekommen Schwierigkeiten, wie jenes Mädchen aus Norddeutschland:

Der Vater wirft voller Zorn das Neue Testament seiner Tochter in den Ofen und verbietet ihr ein für allemal, solche Stunden zu besuchen. Das Kind wird jedesmal während des Kindergottesdienstes eingeschlossen. Aber in der Schule leiht es sich eine Bibel von einer Freundin und liest in den Pausen. Nicht alle Kinder bleiben in solchen Situationen innerlich fest. Viele werden selbst zu Spöttern.

6. Unruhe durch Haltung und Vorbereitung des Lehrers

Neben den äußeren Umständen und den Schwierigkeiten, die mit der Person des Kindes verbunden sind, taucht eine letzte Frage auf: Kann der Grund für die Unaufmerksamkeit und Unruhe nicht auch beim Lehrer liegen? Aus welchem Grund steht er Sonntag für Sonntag vor den Kindern? Etwa deshalb, weil sonst keiner da ist und jemand in den »sauren Apfel« beißen muß? Wächst durch diesen »Dienst« gar sein Ansehen in der Gemeinde?

Ist Ihnen der Dienst an Kindern eine wichtige Aufgabe, die den ganzen Menschen fordert, oder sehen Sie es als ein: »Ich tue es, wenn ich Lust habe« an? Sind Sie Sonntag für Sonntag da, oder brauchen Sie »freie« Sonntage?

Stehen Sie mit diesem Dienst vor Gott, der Ihre Motivation sieht? Oder was sind die Motive? Ist es nur eine · Art Pflichterfüllung?

Sehen Sie es als Ihr Vorrecht an, von dem Sie Woche um Woche Gebrauch machen dürfen, weil Sie nicht anders können; weil Sie die Kinder lieben, gleichgültig, ob Sie anerkannt werden oder nicht?

Prüfen Sie einmal in der Stille die Gründe, warum Sie die Kinder so behandeln, wie Sie es tun. Vielleicht sind Sie wirklich nicht so treu und wachsam gewesen, so fleißig, wie Sie hätten sein können, und haben noch nicht Ihr Bestes gegeben. Vielleicht?

Durch die Begeisterung des Lehrers können die Kräfte der Kinder beim Zuhören überfordert werden. Die einzelnen Abschnitte der Stunde werden dann zu lang. Kaum ein Kind kann ununterbrochen eine halbe Stunde lang zuhören.

7. Unruhe durch falsche Einteilung und Durchführung der Stunde

Wie ist die Einteilung der Stunde geplant? Entstehen Pausen, welche die Kinder zum Stören ausnutzen können?

Wo liegt der Höhepunkt? Etwa am Anfang, so daß die Kinder danach abschalten, weil die Spannung verlorengegangen ist?

Sind Sie bei der Planung der Stunde auf Unvorhergesehenes eingestellt, wenn z. B. die Kinder Spruch oder Geschichte schon kennen? Ist genügend Stoff vorhanden, um die Stunde trotzdem inhaltlich voll zu gestalten?

Machen Sie es sich zum Prinzip, immer mehr vorbereitet zu haben, als gebraucht wird. Jesus sagt im Johannes-Evangelium vom Heiligen Geist: »Er wird euch an alles erinnern, was ich euch gesagt habe.« (Joh. 14,26) Erinnert werden kann man nur an etwas, was erlebt oder erlernt ist, das also schon vorbereitet wurde.

Durch langweiliges, gleichgültiges Erzählen verlieren Kinder das Interesse und beschäftigen sich mit sich selber. Sie spüren, ob die Stunde aus Pflichtbewußtsein oder aus Liebe gehalten wird, ob die ganze persönliche Überzeugung dahintersteht. Ist Ihr Äußeres so korrekt, daß die Kinder nicht dadurch zum Lachen gereizt werden?

B. Wie können Unruhe und Störung überwunden werden?

Soll Unordnung geduldet werden? Nein, niemals! Die Kinder werden vor dem, was ihnen im Auftrag Gottes gebracht wird, nie Achtung haben, wenn es in Unruhe und Unordnung geschieht. Außerdem kann Gott nicht wirken, wenn keine

Ruhe herrscht. Gottes Wort sagt: »Denn Gott hat uns nicht gegeben den Geist der Furcht, sondern der Kraft und der Liebe und der Zucht (der Besonnenheit).«

Dieses Wort gilt auch für die schwierigsten Situationen in der Kinderstunde. Darum heißt es: Überwinden. Rechnen Sie mit der Kraft Gottes während der Stunde und erwarten Sie die Erhörung Ihres Gebetes. Erwarten Sie von den Kindern gutes Benehmen, auch von denen, die zur Zeit noch Schwierigkeiten machen. Gott gibt dem, der bereit ist anzunehmen und danach zu handeln, alles, was nötig ist: Kraft, Liebe und Besonnenheit. Sie sind doch überzeugt davon, dem Kind das Wichtigste anzubieten, was es gibt. Dabei muß Ordnung herrschen.

1. Das Verhüten der Ursache

Disziplin hängt nicht in erster Linie von einer Gruppe von Kindern ab, die sich gut benehmen, sondern auch von einem Lehrer, welcher der Disziplinlosigkeit begegnet, bevor sie auftaucht und zu einem Problem wird. Vielleicht könnten verschiedene äußere Dinge so geregelt werden, daß Unruhe erst gar nicht aufkommt. Gute Luft und kühle Temperatur sind wichtig. Das Öffnen eines Fensters im Winter bewirkt Wunder. Versuchen Sie verschiedene Sitzordnungen. Die Kinder sollten, wenn eben möglich, den Leiter sehen. Für Zuspätkommer ist ein Platz unmittelbar an der Tür gut. Nehmen Sie den Kindern ihre Garderobe beim Kommen ab, damit sie nicht während der Stunde anfangen, Mäntel und Jacken auszuziehen.

2. Das Über-rwinden der Unruhe

Ein weiser Lehrer wird versuchen, dem Kind so zu helfen, daß es selbst Freude an der Ordnung bekommt und von sich aus bereit wird, nach Kräften mitzumachen.

a) Pünktlicher Beginn

Die Stunde muß grundsätzlich zur festgelegten Zeit beginnen. Der Lehrer geht mit gutem Beispiel voran. Nicht einmal sollte der Gedanke aufkommen: »Es ist ja – nur – Kinderstunde!« Die Kinder werden bald begreifen, wann die Stunde beginnt. Sollte es einigen besonders schwerfallen, pünktlich zu sein, so hilft es, wenn am Anfang der Stunde eine interessante Fortsetzungsgeschichte erzählt wird, vielleicht eine Missionsgeschichte. Sie möchten die Geschichte nicht verpassen und werden rechtzeitig erscheinen. Selbst wenn in der ersten Zeit nicht alle pünktlich sind, sollte die Stunde zur festgesetzten Zeit begonnen werden. Wenn der Lehrer fünf oder gar mehr Minuten wartet, bis alle da sind, werden die Kinder niemals entdecken, daß sie zu spät gekommen sind.

24

Die Stunde muß gemeinsam begonnen werden. Das ist nicht immer leicht durchzuführen, denn die Kinder kommen mit ihren eigenen Erlebnissen, die sie noch schnell erzählen wollen. Stehen Sie in ruhiger Haltung vor den Kindern und sprechen Sie nicht, bevor alle still geworden sind. Wenn man auf einem Instrument ein Lied spielt, in das nach der Begrüßung alle einstimmen, werden die Kinder beruhigt, ohne daß es ihnen bewußt wird.

b) Ruhe und Ordnung beim Anfang

Wenn ein Kind besondere Schwierigkeiten macht, sprechen Sie allein mit ihm, nicht vor der ganzen Gruppe. Wie oft reagieren Jungen und Mädchen aus Trotz noch schlimmer, wenn mit ihnen vor allen Kindern geschimpft wird. Es ist nicht weise, ein Kind vor andern in Verlegenheit zu bringen.

c) Das einzelne Kind

Gelegentlich kommt es vor, daß ein Kind ein Spielzeug mitbringt, das während der Stunde immer wieder Geräusche verursacht. Wenn Sie das Kind veranlassen, diesen Gegenstand am Anfang der Stunde abzugeben, um ihn nach Schluß wieder zurückzuerhalten, wird viel Störung vermieden. Aber das geht nicht immer leicht.

In einer Kinderwoche wurde ich vorher gewarnt: »Hoffentlich kommt der kleine Uwe nicht. Der bringt alles durcheinander. Nach Hause schicken kann man ihn nicht, aber er stört alle.« Und da war Uwe schon. Die Haare wirr auf dem Kopf, ein spitzbübisches Lächeln im Gesicht. Die Hände in den Taschen. Es knackte unentwegt. Ich bat ihn: »Willst du mir nicht deine Knackfrösche bis nach der Stunde leihen?« Es war plötzlich seltsam still geworden. Das »Gefecht« zwischen Kind und Erwachsenem hatte begonnen, und alle waren neugierig, wer siegen würde. Ein paar Jungen stießen Uwe an: »Gib doch!« Der Kleine stand vollkommen bewegungslos da. Kein Laut. Ich verließ ihn für einen Augenblick. Die Aufmerksamkeit der andern Kinder wurde für den Fünfjährigen zu viel. Nach einigen Minuten versuchte ich es noch einmal. Erfolglos. Die Dinger knackten und knackten in seiner Tasche.

Es war Zeit zum Beginn. Zum letztenmal trat ich zu Uwe. »Ich verstehe, daß du sie mir nicht geben willst. Wie wäre es, wenn du sie selbst vorn hinlegst?« Wir sangen das Anfangslied. Stumm und steif stand Uwe in der ersten Reihe. Er kämpfte offensichtlich mit sich selbst. Da! Er kam aufs

25

Podium, griff in die Taschen, legte seine beiden Frösche mit einem unbeschreiblichen Ausdruck der Erleichterung auf das Pult und verschwand. Kein Wort wurde dabei gesprochen. Aber das Singen klang wie nie zuvor!

d) Der ruhige Ton

Wenn Kinder unruhig werden, ist es schwer, selbst die Ruhe zu bewahren und nicht aufgeregt zu sprechen. Antworten Sie nie im ersten Zorn oder gar mit Ironie. Oft genügt schon ein Blick zu dem betreffenden Kind. Aber es ist nicht gut, das störende Kind ununterbrochen anzusehen, sonst werden alle andern Ihrer Blickrichtung folgen und niemand wird an das denken, was Sie sagen.

Hier liegt überhaupt eine Schwierigkeit der Kinderarbeit: Die Botschaft muß froh, entschieden und spannend gesagt werden, während es gleichzeitig gilt, den Kindern zu helfen, damit sie das Wort ohne äußere Hindernisse annehmen können.

e) Positive Einstellung

Legen Sie Wert auf gutes Benehmen? Kinder spüren, was von ihnen erwartet wird, auch wenn sie zunächst dagegen ankämpfen. Wenn das Kind für kleinste Bemühungen, ruhig und ordentlich zu sein, in richtiger Art und Weise gelobt wird, wird es angespornt und strengt sich weiter an. Natürlich sollen Kinder nur gelobt werden, wenn sie es wirklich verdienen. Sie haben ein untrügliches Empfinden dafür, ob Lob oder Tadel am Platze sind.

f) Kleine Aufgaben für schwierige Kinder

Manchmal gibt es besonders schwierige Kinder. Wenn Sie bei solchen Kindern Hausbesuche machen, werden Sie meist entdecken, wo der eigentliche Grund ihrer Unruhe, ihres oft bewußten Störens, liegt.

Ein Kind will beachtet sein. Es wird alles mögliche versuchen,um endlich aufzufallen. Wird dieses Ziel nicht mit gutem Benehmen erreicht, dann eben mit schlechtem. Vielleicht werden Kinder in ihrem Elternhaus hart und manchmal sogar ungerecht behandelt. Dann ist das Stören in der Stunde ein Ausdruck ohnmächtiger Wut gegen die Überlegenheit der Erwachsenen. Oft wehren sich die Kinder auch gegen sinnlose Anforderungen, die im Machtstreben der Erwachsenen ihren Ursprung haben. Gerechten Befehlen dagegen wird sich das Kind fügen, sobald es sich von einem Erwachsenen verstanden und geliebt weiß.

26

Solchen Kindern wird es gut tun, wenn sie kleine Aufgaben in der Stunde übernehmen dürfen, z. B.: Liederbücher verteilen, für Ordnung sorgen: Stühle ordentlich hinstellen, Fenster öffnen, Mäntel aufhängen oder Geld einsammeln.

Es ist oft erstaunlich, wie ruhig vormals laute, freche Kinder werden, wenn sie eine solche Aufgabe bekommen. Sie werden in ihrem Verantwortungsgefühl und ihrer Würde angesprochen, indem ihnen etwas Selbständiges zugetraut wird. Dabei brauchen sie natürlich Anleitung, um die Aufgabe richtig zu verstehen, und Anerkennung für das, was gut ausgeführt wurde.

Immer wieder gibt es Kinder, die während der Stunde mechanisch mit ihren Händen oder irgendwelchen Dingen spielen. Sie sind so aufmerksam bei der Sache, daß sie gar nicht bemerken, was ihre Hände tun. Diese Bewegungen stören andere Kinder nicht, dagegen den Lehrer sehr. Sein Blick wird von dem, was sich bewegt, angezogen.

g) Unterscheidung zwischen Bewegungen der Kinder und wirklichem Stören

Da sitzt z. B. ein Junge und dreht unentwegt seinen Bleistift zwischen den Händen. Seine Augen hängen an Ihrem Mund. Aber Sie werden nervös, weil die ständige Bewegung Sie ablenkt. Wenn Sie jetzt aber unterbrechen und den Jungen ermahnen, den Bleistift wegzulegen, lenken Sie die Aufmerksamkeit der ganzen Gruppe auf dieses Kind. Die Geschichte ist jäh unterbrochen. Der Junge steckt den Bleistift weg. Aber es kommt oft genug vor, daß er ihn instinktiv wieder hervorholt, sobald seine Gedanken wieder von der Geschichte gefesselt sind. Ähnlich geht es Mädchen beim Spielen mit ihren Haaren oder manchen Kindern beim Baumeln mit den Beinen.

Greifen Sie nur ein, wenn irgendwelche Geräusche die ganze Gruppe stören. Ein erfolgreicher Kinderevangelist bemerkte einmal: »Warum soll ich die Aufmerksamkeit aller andern Kinder auf ein ungezogenes Kind richten? Alle passen auf bis auf eins, und das hört wahrscheinlich auch, was ich sage.«

Erstaunlicherweise machen viele die Erfahrung, daß Kinder zuhören und gleichzeitig noch etwas anderes tun. Werden sie plötzlich aufgerufen, sind sie in der Lage, genau die richtige Antwort zu geben.

Viele Kindergottesdienst- und Sonntagschulhelfer meinen, alles Stören, alle Unruhe der Kinder sei ein Angriff gegen sie.

3. Die Einstellung des Lehrers

Denken Sie immer an die beiden Fronten: Licht – Finsternis! Es geht nicht darum, daß die Kinder ihren energischen Lehrer fürchten. Vielmehr wollen und sollen wir Erwachsenen dem Kind helfen, die Botschaft Gottes zu hören und zu befolgen. Schauen Sie deshalb die Kinder an, wenn Sie diese Botschaft ausrichten, und nicht aus Furcht oder Hemmungen über sie hinweg oder auf ein Bild, das im Raum angebracht ist.

a) Die Persönlichkeit des Lehrers

Wenn ein Kind seinen Lehrer achtet, wird es sich bemühen, ihm zu gefallen. Aus dem Respekt vor dem Lehrer erwächst die Achtung vor der Bibel des Lehrers und dann vor dem Gott und Heiland des Lehrers. Darum ist es wichtig, daß jeder, der vor Kindern steht, durch seine Art und durch sein Wesen Achtung fordert. Wenn Sie selbst ein diszipliniertes Leben in Gottesfurcht führen und in der Freude der Errettung leben, werden die Kinder Ihnen das abspüren. Der unbewußte Einfluß eines Menschen ist stärker als der bewußte.

Kinder haben aber oft die Erfahrung gemacht, daß die Erwachsenen nicht konsequent sind. Einmal wird über einen Streich gelacht, der ein anderesmal bestraft wird. Es gilt deshalb, zum eigenen Wort zu stehen. Wenn der Helfer sagt: »Beim nächstenmal hole ich dich nach vorn«, wird das Kind fast ohne Ausnahme sofort ausprobieren, ob das tatsächlich geschieht. Darum ist es besser, wenig Strafe anzuordnen, die aber durchführbar ist. Nur im äußersten Notfall sollte ein Kind hinausgeschickt werden; und auch dann nur, wenn es vorher gewarnt wurde.

Da ist eine kleine Sonntagsschule. Etwa dreißig Kinder aller Altersstufen kommen jeden Sonntag zusammen. Walter ist mit seinen dreizehn Jahren bei weitem der Älteste. Der Helferin gelang es, den Jungen durch kleine Hilfen zur Mitarbeit zu gewinnen, bis Walter nach einiger Zeit störrisch wurde. Er ärgerte die Kleinen und benahm sich rüpelhaft. Die Leiterin sprach mit ihm und versuchte zu helfen. Das Versprechen, sich zu bessern, nützte nichts. Im Gegenteil, es wurde immer schlimmer, so schlimm, daß die Leiterin eines Sonntags sagte: »Walter, beim nächsten Mal muß ich dich leider für heute nach Hause schicken.« Einige Minuten ging alles gut, aber dann wurde es schlimmer als zuvor. Die Helferin zeigte zur Tür und beobachtete mit klopfendem Herzen, wie der große Junge aufstand und – ging.

28

Als nach Schluß der Stunde alle Kinder verschwunden waren, stand ein bitterlich weinender Junge draußen. Es kam zu einem Gespräch, dann zum Gespräch mit Gott, und einige Zeit später verließ ein glücklicher Junge den Raum. Er wurde nun ein richtiger Mitarbeiter.

Es geht darum, jede einzelne Stunde für die Kinder zu einem Erlebnis zu machen. Zeit ist ein so kostbares Gut, daß es nicht vertan werden darf. Besonders dann nicht, wenn es um eine Stunde mit Jungen und Mädchen unter Gottes Wort geht. Immer wieder heißt es: Gründlich und gern den Dienst tun. Kinder sehnen sich nach fester Ordnung, nach Geborgenheit, nach Liebe. Es ist menschlich schwer, ein schmutziges, ungezogenes Kind zu lieben. Aber Liebe öffnet die Tür zum Herzen des Kindes. Liebe, die sich in gleichbleibendem Verstehen äußert, in freundlichen Worten, im Beachten des einzelnen Kindes, im Begrüßen. Kinder haben ein feines Empfinden, ob sie aus Gewohnheit begrüßt werden, oder ob der Erwachsene ihnen in dem Augenblick der Begrüßung wirklich persönlich begegnet. »Sie hat mir nicht mal die Hand gegeben!« beklagte sich ein Kind bei der Mutter. »Er hat gar nicht gemerkt, daß ich da war!« ein anderes.

b) Ganzer Einsatz des Lehrers für jede Stunde

Vielleicht sind Sie jetzt mutlos geworden, hilflos, und sagen: »Das werde ich niemals können.« – »Ich bin nun einmal so.« – »Dann ist es besser, ich fange gar nicht an!« Wie oft klagen junge Menschen so oder ähnlich.

Aber wir wollen uns der entscheidenden Frage immer wieder stellen: Um wen geht es – um die Kraft, Liebe und Freude des Herrn, um seine Allmacht oder um Ihr eigenes Können? Lassen Sie sich vom Herrn geben, was nötig ist. Sie werden erleben, wie die Achtung der Kinder wächst, wie Sie selbst Dinge tun können, vor denen Sie vorher zurückschreckten. Sie werden erleben, wie viele kleine Herzen ruhig werden, hören können und Ihnen einmal danken, daß Sie ihnen von Jesus erzählt haben.

29

II. Spannend und wichtig: Die biblische Geschichte

»Mutti! Muttiii!« Die Tür knallt. Überall sucht Ute. »Wo bist du eigentlich? – Endlich!« – »Wo brennt's denn, Kind?« – »Mutti, stell dir vor, was ich eben gesehen habe. Ich ...« da entdeckt Ute den Besuch. Sie stockt, wird einen Augenblick verlegen, sagt »guten Tag« und zappelt doch vor Ungeduld. Das Erlebnis muß heraus.

Wer hat das nicht schon erlebt?! Auch das energische: »Kind, ich habe jetzt wirklich keine Zeit. Warte bis nachher!« hilft nicht. Das Herz fließt einfach über vor Freude, Begeisterung, Glück über das eben Erlebte. Das Kind kann nicht zurückhalten, was drinnen ist. Es meint, es müsse sonst platzen. Und wenn keine Mutti zuhört, wenn kein Vati Zeit hat, sucht es sich einen anderen. Wie ein Mädchen traurig meinte: »Dann erzähle ich alles meinem Hund. Der hört wenigstens zu.«

Haben wir ein klein wenig von dieser Begeisterung, von dieser Freude? Bedeutet es für uns Christen etwas, daß wir Jesus Christus kennen und erleben? Sind wir so voll, daß wir nicht anders können, als es weiterzusagen? Ist es uns ein Bedürfnis, von ihm, der so viel für uns tut und uns so froh, so frei gemacht hat, zu erzählen?

Es ist ein großes Vorrecht, den Kindern das Wort Gottes zu bringen, zu denen zu gehören, die »hingehen in alle Welt und das Evangelium verkündigen«. Vielleicht bedeutet »alle Welt« für Sie: Ihre Gruppe am Sonntagmorgen, die Jungschar oder die eigenen Kinder.

Gott hat dieses Weitersagen in den Mund des Menschen gelegt, der es selbst erlebt hat. Nur der kann Zeugnis ablegen. Die Persönlichkeit des Zeugen soll das vor den Kindern Bezeugte lebendig und dadurch glaubwürdig machen. Gottes Wahrheit will das Kind nicht nur durch den Mund, sondern durch den ganzen Menschen erreichen. Darum sagt Paulus: »Habe acht auf dich selbst und auf die *Lehre*, beharre in diesen Stücken. Denn so du solches *tust*, wirst du dich selbst selig machen und die dich hören.«

Darum muß jeder, der den Kindern die biblischen Geschichten erzählt:
a) wiedergeboren sein;
b) die Heiligkeit dieser großen Tatsache erkennen und die Verantwortung und das Vorrecht begreifen, daß er das Wort Gottes in die Herzen von Jungen und Mädchen hineinsagen darf;
c) willig sein, sich die Vorbereitung etwas kosten zu lassen.
Die Anstrengung ist nicht klein, aber der Lohn groß. Flüchtige Vorbereitung, wenn es sich um das ewige Ziel von jungen Menschen handelt, ist gefährlich.

A. Die Wichtigkeit der biblischen Geschichte

Die Botschaft der Heiligen Schrift muß an das Kind herangetragen werden. Es wird kaum von selbst nach der Bibel greifen. Die sogenannten »Lehrjahre« des Kindes sollen nicht nur für seinen späteren Beruf ausgenutzt werden, sondern vor allem für sein Verhältnis zu Gott. Das Kind hat ein natürliches Gottesbewußtsein, das durch die Lehre der Bibel gestärkt und vertieft, ja gelenkt werden kann. Es weiß von sich aus nicht, was ihm fehlt. Darum gilt es, nicht nur von Gott zu erzählen, sondern dem jungen Menschen die Möglichkeit zu geben, ihn durch Jesus Christus kennenzulernen.

Wie oft kommen Kinder oder fragen in ihren Briefen: »Muß ich immer so bleiben?« – »Ich will ja nicht ungehorsam sein! Und dann tue ich es doch.« – »Ist der Heiland nur für Große da oder auch für mich?« – »Hört er auch mein Gebet?«

Das Kind braucht eine bestimmte Kenntnis der biblischen Wahrheiten, um danach handeln zu können. Was es gehört hat, dringt in sein Gedächtnis ein. Es erweckt bestimmte Vorstellungen. Wissen bringt das Kind zum Nachdenken und stärkt außerdem das Bewußtsein, zu Freude oder Schmerz, Liebe, Haß, Zorn, Eifersucht, Jubel, Trauer oder Scham Stellung nehmen zu müssen.

Dann soll sich das Gehörte im Willen auswirken, der zur Tat führt. Das geschieht selten ohne äußeren Anreiz. Dieser wird durch die Anwendung der biblischen Geschichte auf Lebenssituationen der Kinder (z.B. Aufforderungen zum Gehorsam

1. Ist es denn überhaupt notwendig, schon Kinder mit der biblischen Geschichte vertraut zu machen? Kann man damit nicht warten, bis sie groß sind?

in bestimmten Situationen) gegeben. In der Regel wird dabei das Gefühl oder der Verstand angesprochen. Bei Kindern herrscht meistens das Gefühl vor. Gott hat sie so geschaffen.

Natürlich wäre es falsch, die Gefühle der Kinder übertrieben zu erregen; aber auf der anderen Seite wird niemand verhindern können, daß das Kind mitempfindet, und zwar in einem stärkeren Maße und echter als ein Erwachsener. Es weiß klar, es empfindet stark, es handelt prompt. Aus diesem Grunde ist so wichtig, was den Kindern gesagt wird; denn das bestimmt ihre Handlungsweise.

2. Warum ist für Kinder das Erzählen der biblischen Geschichten besser als eine Predigt?

a) Das Kind wird zum Hören bereit.

b) Das Kind erlebt die gehörte Geschichte mit.

c) Das Wort Gottes wird interessant.

d) Durch die Personen der Geschichte wird das Kind zum Tun angeregt.

Für das moderne Kind, das viele verschiedene Eindrücke, Stimmen und Bilder verarbeiten muß und oft in einer unruhigen häuslichen Atmosphäre lebt, ist das Hören auf das Wort Gottes nicht leicht. Dazu kommt der Widerstand des Feindes. Er benutzt alles, um das Wort Gottes wirkungslos am Ohr des Kindes vorbeistreichen zu lassen. Da Kinder aber auch heute noch gern Geschichten hören, passen sie interessiert auf und nehmen so die Botschaft Gottes auf.

Wahrheiten, durch eine Geschichte illustriert, werden lebendig und wirklich. Sie prägen sich ein, denn das Kind freut sich, leidet und geht durch innere und äußere Spannungen eines Kampfes bis zum Schluß mit, wie die Personen, von denen erzählt wird.

Das Kind beginnt nach der Bibel, in der so interessante Geschichten stehen, zu fragen. Ein Kontakt zum Worte Gottes wird hergestellt.

Wenn das Kind in der biblischen Geschichte erlebt, was z. B. als Folge des Gehorsams geschieht, wird der Nachahmungstrieb angeregt. Es würde sich gegen den direkten Befehl: »Du mußt gehorchen! Du mußt helfen!« auflehnen. Im Erzählen dagegen erreicht die Botschaft Gottes ungehindert das Herz des Kindes, weckt das Gefühl, beeinflußt den Willen und führt oft zur Tat.

Gott gebraucht Geschichten; sogar um Erwachsene anzusprechen. Er läßt David seine Schuld mit Hilfe einer Geschichte vor Augen führen. Durch die egoistische, harte Handlungsweise des reichen Mannes wurde Davids Zorn erregt. Mitten hinein in dieses starke Zorngefühl über das Unrecht, von dem der Prophet Nathan erzählte, zeigte Gottes Finger auf den König: »Du bist der Mann!« David brach zusammen und bekannte seine Schuld, die er so sorgfältig versteckt hatte. Die Geschichte hatte seine Gefühle angeregt, ja aufgeregt. Sein Herz öffnete sich für Gottes Botschaft, und er handelte danach.

Die biblische Wahrheit, als Geschichte dargeboten, kann in Sprache und Art und Weise des Erzählens den einzelnen Altersgruppen angepaßt werden.

Es wehrt sich gegen Moral. D.h.: Ein Kind lehnt sich gegen einen Forderungskatalog, den wir ihm aufstellen (»Das sollst du nicht ... Das mußt du aber ...«), auf. Solche Aufforderungen hört es zu Genüge, ohne daß ihm ein Weg gezeigt wird, *woher* die Kraft kommt, all das zu tun. Es geht deshalb nicht darum, eine Geschichte der Bibel zu finden, die den Gedanken verhärtet, den man dem Kind nahebringen möchte. O nein! Die Botschaft Gottes muß aus der biblischen Geschichte herauswachsen. Der Lehrer sollte den Stoff, den er erzählt, genau kennen. Danach kann er sich die Frage vorlegen: »Was will diese Geschichte? Was hat Gott mir durch sie zu sagen?« Diese Botschaft wird dann seine Stunde innerlich bestimmen und ausrichten.

Viele Geschichten weisen z. B. darauf hin, daß Gott alles kann. Wird dieser Gedanke nur allgemein hervorgehoben, wirkt es eintönig und langweilig. Also muß gezeigt werden, bei welchen Gelegenheiten Gott seine Allmacht beweist:

> Die Speisung der 5000: Jesus kann aus wenig viel machen.

> Die tägliche Speisung des Volkes Israel mit Manna: Gott ist mächtig genug, ein großes Volk viele Jahre hindurch zu versorgen.

> Die Stillung des Sturmes: Das tobende Wetter wird auf das Wort Jesu hin still.

> Die Auferweckung des Lazarus: Jesus Christus allein ist imstande, die Macht des Todes zu brechen.

> Der besessene Mann: Jesus ist Sieger über die Macht des Teufels.

Auf diese Weise wird den Kindern an der Fülle der Beispiele die Macht Gottes in allen möglichen Situationen deutlich.

e) Die verschiedenen Altersgruppen werden erreicht.

3. Was für eine Botschaft braucht das Kind?

a) Das Kind muß erkennen: Gott will etwas von mir.

Genauso kann durch die biblische Geschichte dem Kind gezeigt werden, was Gott von ihm fordert:

> Gehasi, der Diener Elisas, mußte lernen: Die Lüge zieht eine schwere Strafe nach sich.

> Mose mußte gehen und den Felsen schlagen. Ein anderesmal sollte er nur mit dem Felsen sprechen und bekam eine schwere Strafe für seinen Ungehorsam.

> Josua wurde befohlen, aufzuhören zu beten, weil Sünde im Lager war.

Der Gehorsam Gott gegenüber äußert sich auf vielerlei Weise, je nachdem wie Gott es verlangt.

b) Die Botschaft muß verständlich sein.
Das Kind braucht eine Botschaft, die es versteht. Deshalb werden schwere Worte erklärt. Es wird gezeigt, welche Sitten und Gebräuche früher herrschten, wie Gott damals in das Leben eingriff und wie er noch heute in unser Leben eingreift, auch in das Leben des Kindes. Gottes Wort ist immer modern, wenn auch die äußeren Lebensumstände sich im Lauf der Jahrtausende ändern. Dadurch wird dem Kind klar: Es geht Gott nicht um Äußeres, sondern um meine Herzenseinstellung, die sich in meinem Leben auswirkt.

c) Die Botschaft muß wahr sein.
Ein Kind will das, was es am Sonntag hört, am nächsten Tag in der Schule oder zu Hause wiederfinden können. Und es hat ein Recht darauf. Wie leicht heißt es: »Jesus Christus macht alle Kranken gesund«. »Er erhört jedes Gebet.« »Ein Kind kommt, wenn es gehorcht, in keine Schwierigkeiten.« »Das Leben mit Jesus Christus ist wunderschön und bietet nur Freude.«

Das Kind wird diese Behauptungen ausprobieren und kann durch Enttäuschungen soweit kommen, daß es am Wort des Lehrers und am Worte Gottes zweifelt, ja es ein für allemal ablehnt. Seelsorgerliche Gespräche mit Erwachsenen, die solche Enttäuschungen erlebt haben, zeigen das zu Genüge.

Es nimmt dem Kind nichts von der Anerkennung der Größe Gottes, wenn es weiß: Jesus Christus kann alle Kranken gesund machen, er tut es aber aus Gründen, die oft verborgen bleiben, nicht immer. Gott wird nicht alle unsere Gebete erhören. Gott segnet uns, wenn wir gehorchen. Er führt aber manchmal in ein dunkles Tal, in Kämpfe und Schwierigkeiten.

Ahnen wir ein wenig von der Wichtigkeit unserer Aufgabe, wenn wir uns diese Gedanken klarmachen? Merken wir, daß

es nicht möglich ist, dem Kind das Wort Gottes deutlich weiterzusagen, wenn wir uns nicht genügend Zeit nehmen, uns
vorzubereiten?

B. Die Vorbereitung der biblischen Geschichte

Wer kennt nicht das unangenehme, verzweifelte Gefühl, wenn
plötzlich ein Mitarbeiter, ein Vater oder gar der Pfarrer oder
Prediger sagt: »Heute möchte ich einmal in Ihrer Gruppe
zuhören.« Lautet nicht die verlegene Antwort oft: »Ach bitte,
heute nicht, am nächsten Sonntag gern. Heute ist gerade so
eine schwere Geschichte an der Reihe.« Selten haben wir den
Mut, offen zu sagen: »Kommen Sie bitte das nächste Mal,
denn heute bin ich nicht gut vorbereitet.« Der Gedanke an die
vielen Kinderaugen bereitet in dem Bewußtsein der mangel-
haften Vorbereitung Unbehagen genug. »Aber es sind ja nur
Kinder; die Stunde wird schon vorbeigehen.« – Liegt in solcher Handlungsweise nicht eine Mißachtung des Kindes? Warum sonst das Abwehren, wenn ein Erwachsener zuhören
will? Jesus Christus sagt: »Sehet zu, daß ihr nicht jemand von
diesen Kleinen verachtet.«
  Natürlich hat heute keiner Zeit, sich stundenlang hinzusetzen
und sich vorzubereiten. An jedem Tag eine kurze Zeit ist
schon eher möglich. Das ist auch der bessere Weg. Wenn Sie
am Anfang der Woche damit beginnen, den biblischen Text zu
lesen und darüber nachzudenken, wird er in Ihrem Herzen
lebendig werden. Und Sie haben Zeit zum Überlegen, in welcher Weise gerade diese Geschichte den Kindern dargestellt
werden kann.
  Der Dienst an Kindern ist ein Zeugendienst. Er darf nicht ne-
benbei getan werden. Er erfordert viel, um nicht zu sagen
alles. Die Kinder haben nicht nur ihr Leben, sondern auch die
Ewigkeit vor sich. Ihr ewiges Ziel kann von uns abhängen.
Entweder sind wir ihnen eine Hilfe zum ewigen Leben oder
ein Anstoß zum ewigen Tod. Wer wollte es wagen, nicht sein
Bestes zu geben, wenn es um Himmel oder Hölle geht?!
  Ist das übertrieben? Jesus Christus sagt: »Wer aber einen dieser Kleinen, die an mich glauben, zum Abfall verführt, für den

wäre es besser, daß ein Mühlstein an seinen Hals gehängt und er ersäuft würde im Meer, wo es am tiefsten ist.« (Matth. 18, 6) Durch eine oberflächliche Vorbereitung ist niemand in der Lage, den Jungen und Mädchen das Wort Gottes in der ganzen Verantwortung vor Gott zu bringen. Die Fülle der Gnade durch Jesus Christus steht jedem zur Verfügung. Unsere Kinder warten auf die Botschaft des Evangeliums. Werden sie diese uns abnehmen können und sich in ihrem Leben danach richten?

Ja, es geht noch einen Schritt weiter. Paulus sagt: »Denn wir sind Gottes Mitarbeiter.« Gibt es ein höheres Vorrecht, eine kostbarere Berufung? Jeder, der einmal in der Woche vor einer kleinen Gruppe von Kindern steht, ist ein Mitarbeiter Gottes!

Oh, daß unsere Herzen davon erfüllt würden! So voll wie das Herz der kleinen Ute, die einfach weitersagen mußte, was sie erlebt hatte.

Die gründliche Vorbereitung der Geschichte wird für uns selbst zum großen Segen werden, weil das Wort Gottes zunächst zu unserem Herzen spricht. Dann erst kann es an andere weitergegeben werden.

Die drei wichtigsten Regeln für eine erfolgreiche Vorbereitung lauten:

1. Lies deine Bibel!
2. Lies deine Bibel!
3. Lies deine Bibel!

1. Das Lesen nach verschiedenen Gesichtspunkten

Verschiedenes muß dabei beachtet werden.

Um möglichst viel vom wiederholten Lesen der biblischen Geschichte zu haben, wird nach verschiedenen Gesichtspunkten gelesen und das Gefundene notiert.

a) Der Gang der Geschichte

Es geht zunächst darum, alle Ereignisse kennenzulernen, die zur Geschichte gehören. Dazu müssen manchmal Parallelstellen aufgeschlagen werden.

b) Die Personen und ihr Wesen

Jetzt wird es interessant. Welche Menschen stellen sich vor? Wer sind sie?

Wie alt mögen sie sein?

Was wird an anderen Schriftstellen von ihnen gesagt?

Wenn wir die Besonderheiten und Lebensgewohnheiten, die Hoffnungen oder Ängste kennen, die Motive, aus denen heraus die Einzelnen gehandelt haben, können wir sie beim Erzählen als echte Persönlichkeiten darstellen. »Elia war ein Mensch wie wir«, lehrt die Bibel. Es geht im biblischen

Bericht nicht um erdachte Namen, sondern um Menschen aus Fleisch und Blut.

Das wird Spannungen, Bewegung und Leben in die Geschichte bringen. Es gibt verschiedenartige Konflikte:
Der Mensch gegen Gott.
Der Mensch gegen die Natur.
Der Mensch gegen andere Menschen.
Der Mensch im Kampf mit sich selbst.
c) Handlungen und Konflikte innerer und äußerer Art

Durch eine angemessene Darstellung der Konflikte werden die einzelnen Gestalten den Kindern als lebende Menschen nahegebracht.

Hier gilt es, etwas zu beachten: Bei *einem* Menschen scheidet der Konflikt zwischen Mensch und Gott von vornherein aus: bei Jesus Christus. Er »war ein Mensch wie wir, doch ohne Sünde«. Andererseits trug er unsere Sünde und damit den Konflikt des Menschen ohne Gott, z. B.: Er liebte den reichen Jüngling, der traurig wegging; er weinte über Jerusalem; er rief aus: »Wie lange soll ich euch noch tragen« oder »Wollt ihr auch weggehen?«; er betete und rang in Gethsemane. Doch in allem, was die Person des Herrn Jesus betrifft, heißt es: Nicht in eigenen Mutmaßungen über den biblischen Bericht hinausgehen.

Aus wie vielen Szenen besteht meine Geschichte? Welche Personen sind an den einzelnen Szenen beteiligt? Was geschieht? Wo geschieht es? Welcher besondere Konflikt wird in den einzelnen Szenen durchkämpft?
d) Szenen

Wie mögen sich die Menschen bewegt haben? Wie haben sie ihre innere Bewegung ausgedrückt? Wie mag sich ihr Gesichtsausdruck verändert haben?
e) Bewegungen und Gesten

Versuchen wir, uns die Menschen unserer Geschichte mit ihrer Handlungsweise, ihrer Sprache, als heute lebend vorzustellen. Das wird sich in der Art unseres Erzählens widerspiegeln. Manchmal gibt es im Text keine direkten Angaben, aber aus dem Zusammenhang läßt sich vieles entnehmen. Nach wiederholtem Lesen lebt die Geschichte in unserer Vorstellung; aber: Unsere Phantasie muß sich dem Rahmen des biblischen Berichtes unterordnen.

Schließlich vergegenwärtigen wir uns alles, was wir gelesen und entdeckt haben. Dazu gehört Zeit. Es geht darum, sich die einzelnen Personen vorzustellen, sie gedanklich zu beobach-
2. Die Wiederholung

ten und ihrem Gespräch zu lauschen. Welche Kleidung mögen sie getragen haben? Was waren ihre täglichen Gewohnheiten? Versuchen wir einmal, eine der handelnden Personen zu sein, und versetzen wir uns in ihre Lage.

Ist das zu viel Arbeit? Es scheint zunächst fast so. Die ersten Geschichten erfordern mehr Zeit. Später geht es schneller, doch wird es immer Arbeit bedeuten: Arbeit, die einen großen Lohn vor Gott haben wird.

3. Die Planung

a) Das Thema

Es gilt jetzt, die Botschaft zu finden. Welcher Hauptgedanke beherrscht die Geschichte? Was hat die Geschichte uns selbst zu sagen? Was will sie den Jungen und Mädchen zeigen? Was soll als Folge dieser Geschichte in ihrem Leben geschehen können?

Es ist nicht möglich, jede Wahrheit einer Geschichte herauszustellen. Deshalb muß der ganze Stoff nach dem Hauptgedanken, dem Thema, geordnet werden. Die Geschichte wird nicht verändert, und doch müssen einige Tatsachen stärker hervorgehoben werden als andere, um die Kinder auf geradem Wege zur zentralen Aussage zu führen. Dieses Thema braucht nicht vor den Kindern formuliert zu werden. Aber Sie selbst müssen es wissen, um beim Erzählen nicht einzelne Gedanken zu ausführlich zu behandeln.

Nehmen wir als Beispiel die Geschichte von Noah. Wenn Sie Kindern den Weg zu Jesus zeigen möchten, würde das Thema vielleicht heißen: Wer Gott glaubt und ihm gehorcht, wird errettet. Wollen Sie aber klarmachen, wie tapfer und treu ein Gotteskind auf seinem Platz aushalten soll, auch wenn andere lachen und spotten, dann würde es lauten: Gott gibt auch bei Widerständen Kraft, treu zu bleiben und seinen Auftrag zu erfüllen.

b) Die Einteilung

Nach dem Thema der Geschichte wird der Stoff in Szenen eingeteilt. Meist können nicht alle Szenen behandelt werden. Die Szene, die die Hauptwahrheit enthält, muß besonders hervortreten. Meistens steht sie in der Mitte. Hier einige Beispiele:

Die Heilung des Gichtbrüchigen (Matthäus 9)

Hauptwahrheit: Jesus ist der Heiland für Seele und Leib.
Hauptbild: Jesus vergibt dem Kranken seine Sünden und heilt ihn.

Vorher:	Die Freunde bringen den Gichtbrüchigen zu Jesus.
Nachher:	Überglücklich geht der Geheilte durch die jubelnde Menge.

Die Speisung der 5000 (Johannes 6)

Hauptwahrheit:	Jesus nimmt und gebraucht die kleinste Gabe.
Hauptbild:	Jesus und der Knabe.
Vorher:	Besorgnis der Jünger.
Nachher:	Dank und Versuch der Menschen, ihn zum König zu machen.

Es kann auch sein, daß die Hauptwahrheit den Schluß bildet:

Verleugnung des Petrus (Lukas 22)

Hauptwahrheit:	Jesu Augen sehen alles und bringen zur Besinnung.
Hauptbild:	Jesus sieht Petrus an, und der weint bitterlich.
Vorher:	a) Petrus beobachtet von fern.
	b) Petrus leugnet am Feuer.

Bei der Erzählung von Gleichnissen ist das Bild schon gegeben. Es kommt dann darauf an, den Hauptgedanken zu erklären. Oft steht das Hauptbild am Schluß, wie bei dem folgenden Beispiel:

Der verlorene Sohn (Lukas 15)

Hauptwahrheit:	Gott stößt keinen hinaus, der zu ihm kommt.
Hauptbild:	Der Sohn begegnet dem Vater.
Vorher:	a) Der jüngste Sohn bekommt sein Erbe.
	b) Er verpraßt sein Gut und muß arbeiten.
	c) Er kommt zu sich und kehrt um.

Es ist wichtig, daß jedes Bild in sich geschlossen ist und immer mehr zum Höhepunkt – zur Hauptwahrheit – hinführt. Die Spannungen lösen sich, und mit wenigen Sätzen wird dann die Geschichte zum Abschluß gebracht.

Erst nach dieser Vorbereitung sollten Bücher und Kommentare zu Rate gezogen werden. Jetzt werden sie nämlich das sein, was sie sein wollen: Hilfen.

Bevor die Geschichte den Kindern erzählt werden kann, gilt es noch etwas Wichtiges zu überlegen: Weil es sich nicht nur

4. Die Anwendung

um die Vermittlung der Geschichte handelt, sondern das Kind durch das Wort in seinem Leben angesprochen werden soll, muß dieses Wort auf das Leben der Jungen und Mädchen angewendet werden. Das bedeutet nicht, einen moralischen Schwanz an die Geschichte zu hängen! Etwa: »Seht, so wie Noah gehorchte, müssen wir auch gehorchen, wenn ...« Die Kinder werden mit Sicherheit nicht aufpassen.

Die Anwendung führt uns in eine schwierige Situation: Der Feind will unter allen Umständen verhindern, daß die Kinder das Wort Gottes erfassen und danach handeln. Er versucht alles, um ihre Aufmerksamkeit abzulenken. Wie oft tritt eine solche Unruhe ein, daß die Geschichte nicht in Ruhe zu Ende erzählt werden kann und die Kinder früher entlassen werden müssen. Es gilt, für diese letzten Minuten der Stunde besonders zu beten und Wege zu suchen, die dem Kind das Hören erleichtern.

a) Die Anwendung am Schluß der Geschichte

Der Übergang zur Anwendung sollte möglichst unmerklich sein und dann eintreten, wenn die Geschichte den Höhepunkt erreicht hat. Bei dieser Art der Anwendung ist es nicht gut, am Schluß viel zu erklären, denn nach einer Geschichte, die die Kinder gefesselt hat, tritt natürlicherweise eine Entspannung ein, die sich beim Kind in Unruhe äußert. Es kann nicht mehr aufnehmen. Deshalb genügen einige Sätze.

Wenn aber ein Bild, ein Gegenstand oder ein Symbol gebraucht wird, das den Hauptgedanken der Anwendung unterstreicht, wird das Kind neu gefesselt, und es ist leichter, diesen letzten Abschnitt in Ruhe zu Ende zu bringen. Solche Anwendungen kann man etwa in folgender Weise aufbauen:

Nach der Geschichte von der Auferweckung der Tochter des Jairus soll gezeigt werden: Allein der Herr Jesus kann vom leiblichen und ewigen Tod befreien. Mit zwei großen Kreisen kann das sehr gut illustriert werden.

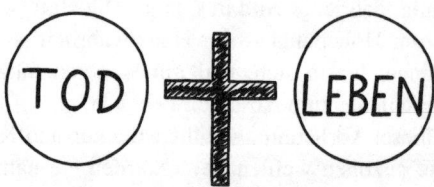

Alle leben von Natur aus in dem dunklen Kreis: dem Tod. Nur durch den Tod des Herrn Jesus ist es möglich, vom Tode zum Leben zu kommen. Jesus Christus will jedem das ewige Leben schenken, der zu ihm kommt.

Nach der Geschichte vom reichen Jüngling sollen die Kinder begreifen, warum er so traurig wegging. Er meinte, durch eigene Kraft in den Himmel kommen zu können. Drei Bilder genügen, um zu zeigen, daß Gott sagt, daß das unmöglich ist. Jeremia 13, 23: »Kann ein Schwarzer seine Haut andern, ein Leopard seine Flecken? Dann könntet auch ihr Gutes tun, die ihr an Bösestun gewöhnt seid.«

Ein Bild von einem Schwarzen, eine Zeichnung von einem Leoparden und ein schwarzes Herz machen den Kindern deutlich: So wenig wie sie ihre Haut verändern können, sind sie imstande, durch das Halten der Gebote, durch eigene gute Werke in den Himmel zu kommen. Einen anderen Weg aber wollte der reiche Jüngling nicht gehen. Daher verließ er den Herrn Jesus traurig. Symbole müssen manchmal erklärt werden, so hier das dunkle Herz: Es ist nicht das körperliche Organ gemeint, welches das Blut durch den Körper pumpt, sondern der Sitz des menschlichen Denkens, Fühlens und Wollens.

Bei den meisten Geschichten wird es günstiger sein, die Anwendung in Teilabschnitten während der Geschichte einzuflechten. So z. B. bei Naeman. An dem Aussatz des Feldhauptmanns wird gezeigt, wie Sünde vor Gott aussieht. Als Naeman enttäuscht vor dem König Israels steht, wird deutlich: Er wandte sich an den Falschen. Eine weitere Gelegenheit zur Anwendung bietet sich, als Naeman zornig nach Syrien zurückfahren will, weil ihm der Jordan zu schmutzig, zu unangenehm, zu demütigend ist. Welch eine Möglichkeit, über die einzige Rettung von der Sünde zu sprechen! Von dem Weg, der demütigend und ganz anders ist, als ihn sich der Einzelne vorstellt. Am Schluß erleben die Kinder den gehor-

b) Die durchlaufende Anwendung

samen Naeman, der sich siebenmal, nicht mehr und nicht weniger, im Jordan untertaucht und rein wird. Er tut es, obwohl er es nicht versteht, und erlebt so die Rettung Gottes. Bei solch einer Anwendung ist es möglich, am Schluß der Geschichte mit einem Satz alles zusammenzufassen.

Das Kind muß die ganze Botschaft Gottes hören. »... die kleinen Kinder verlangen nach Brot, und niemand ist da, der's ihnen bricht!« Klagelieder 4, 4. Dieses »Brot des Lebens« muß für die Kinder so »gebrochen« werden, daß sie es zu sich nehmen können. Es ist dasselbe »Brot«, das die Erwachsenen brauchen, nur anders dargereicht. Die Botschaft Gottes darf nicht verwässert, nicht entwertet werden; sie muß nur so »gebrochen«, aufgeteilt werden, daß sie das Kind anspricht.

5. Die Einleitung oder das Heranführen an die Geschichte

Nachdem Geschichte und Anwendung klar sind, noch einige Gedanken zum Anfang der Geschichte: Interesse und Neugierde der Kinder müssen geweckt werden. Das ist besonders wichtig, wenn eine bekannte biblische Geschichte erzählt wird.

Es gilt, die Brücke vom Leben des Kindes in die Welt der biblischen Geschichte zu schlagen. Die Einleitung richtet sich nach dem Thema der Geschichte. Deshalb kann sie erst am Schluß der Vorbereitung überlegt werden. Sie sieht je nach dem Alter der Kinder und der Art der Geschichte verschieden aus: Manchmal genügen zwei Sätze; ein Bild tut gute Dienste; ebenso eine Begebenheit aus der Welt des Kindes; ein persönliches Erlebnis als Kind. Durch die Einleitung können unbekannte Worte erklärt werden. Wenn eine fortlaufende Geschichte erzählt wird, kann als Einleitung kurz die vorherige Geschichte wiederholt werden. Ist eine sehr bekannte Geschichte als Thema gegeben, könnte sie einmal anders gebracht werden, z. B. ein Zuschauer erzählt sie und schildert seine Eindrücke, oder zwei Menschen unterhalten sich darüber.

Hier einige Beispiele.

Thema: Heilung des Kranken am Teich Bethesda

4 - 6 Jahre: Wer von euch ist schon einmal krank gewesen? Wie war euch da zumute? Dann könnt ihr ein wenig verstehen, wie traurig dieser Mann war ...

7 - 10 Jahre: Ich habe in einem Krankenhaus für verkrüppelte Kinder einmal eine Kinderstunde gehalten. Die meisten mußten immer dort bleiben. Es ist schon schlimm, wenn du im Krankenhaus liegen mußt. Du kannst aber die Tage ausrechnen,

wann du wieder zu Vater und Mutter zurückkehren darfst. Doch unheilbar krank? Wie traurig und verzweifelt muß solch ein Mensch wohl sein!

Thema: Die Plagen über Ägypten.

Hast du schon einmal ein Fußballspiel beobachtet? Das ist am interessantesten, wenn die Parteien gleich stark sind. Heute aber werden wir einen Kampf erleben, bei dem die eine Partei der anderen haushoch überlegen ist. Und doch ist dieser Kampf so interessant, weil die schwache Partei immer wieder glaubt: Ich kann es am besten. Ich werde siegen!

Verschiedene Arten von Bildern, Flanell-Lektionen, die Wandtafel, Symbole oder Gegenstände helfen dem Kind, die Geschichte besser zu verstehen und aufmerksamer zuzuhören. *6. Visuelle Hilfen*

Man braucht durchaus nicht zu jeder biblischen Geschichte Flanellbilder. Ein Wechsel des Anschauungsmaterials ist für die Kinder immer wieder neu interessant. Manchmal genügt es, einige Kernsätze aus der Geschichte an die Tafel zu schreiben. Symbole oder Bilder, die einen besonderen Augenblick der biblischen Geschichte festhalten, können ebenfalls verwendet werden.

Beim Vorbereiten des Materials ist folgendes wichtig:

a) Es muß so groß sein, daß jedes Kind es sehen kann.

b) Es muß so deutlich sein, daß jedes Kind ohne lange Erklärungen erkennt, worum es sich handelt.

Nicht jeder ist ein Künstler und kann gut zeichnen. Das ist auch nicht unbedingt erforderlich. Es gibt viele Bilder, die man gut aus Zeitschriften ausschneiden kann. Ein Bild haftet im Gedächtnis des Kindes besser als erzählte Vergleiche aus dem täglichen Leben.

c) Kein Bild, Symbol oder Gegenstand darf Mittelpunkt der Verkündigung sein. Der Kern der Stunde muß das Wort Gottes bleiben.

C. Die Darbietung der biblischen Geschichte

Neben der Vorbereitung vom Text her ist es erforderlich, sich über die Darbietung Gedanken zu machen. Nicht jeder findet sofort den für ihn besten Weg, sondern erzählt leider in der gleichen Art wie ein anderer. Der Versuch, einen Menschen, der eine besondere Begabung hat, nachzuahmen, scheitert gewöhnlich. Es gilt herauszufinden, worin das »Besondere« des anderen liegt und davon zu lernen. Das Erzählen muß der eigenen Art entsprechen; nur dann kann es echt sein.

Die gründliche persönliche Vorbereitung ist so wichtig, damit niemand ängstlich in die Stunde zu gehen braucht, sondern erfüllt sein darf von dem, was er als Gottes Beauftragter den Kindern zu sagen hat.

Wenn Sie neu in der Kinderarbeit stehen, so denken Sie an das Vorrecht, die Botschaft Gottes ausrichten zu dürfen. Das wird Ihnen helfen, Hemmungen zu überwinden, auch wenn Erwachsene zuhören. Sie werden auch dann lediglich die Geschichte lebendig werden lassen, die Ihnen in der Vorbereitung selbst interessant geworden ist. Gott kann und will die Herzen der Kinder öffnen. Er wird den Jungen und Mädchen das Wort lebendig machen. Er wird geben, was Sie brauchen. Paulus gebraucht in Galater 3, 1 den Begriff »malen« – verständlich vor Augen führen. Das ist nun Ihre Aufgabe, und nach der sorgfältigen Vorbereitung wird es Ihnen nicht schwerfallen. Gebrauchen Sie beim Erzählen Ihre Vorstellungskraft. Menschen, Umstände, Kleidung und Gegend können ausgemalt werden. Dabei wird es jedoch weise sein und den Kindern nichts von der Spannung nehmen, wenn Sie Bemerkungen einfügen wie: »Ich könnte mir denken ...«, »Vielleicht hatte er sich überlegt ...« oder ähnliches. Dadurch wird deutlich: Es kann so, aber auch anders gewesen sein.

Nur wenn es um die Person Jesu Christi geht, hört alle eigene Vorstellungswelt auf. Kein Mensch kann »denken«, wie er gedacht hat, kann sich vorstellen, welche Gefühle ihn, den reinen, sündlosen Gottessohn, bewegt haben. Er steht über allem, und es gilt, in heiliger Scheu und innerer Zucht das über ihn zu erzählen, was die Bibel sagt.

1. Das Äußere des Erzählers

Es gibt kleine Hilfen, die es den Kindern leichter machen, beim Erzählen zu folgen. Eine gute Methode kann zwar kein neues Leben wecken, aber eine schlechte kann das neue Leben hindern. Etwa so, wie eine appetitlich angerichtete Mahlzeit die Lust zum Essen weckt, fördert eine gut dargebotene Geschichte die Freude am Zuhören.

a) Der Erzähler steht aufrecht vor den Kindern, so daß ihn alle sehen können und er umgekehrt auch den Jungen in der hintersten Ecke im Auge hat. Sollte es Ihre erste Stunde sein, zeigen Sie es den Kindern nicht durch Unsicherheit. Die Kinder wissen ja nicht, daß Sie noch nie vorher solch eine Stunde gehalten haben. Sie wollen nichts Böses. Sie sind gekommen, um zu hören. Darum schauen Sie die Kinder an, auch wenn Sie am Anfang die vielen, vielen Augen unruhig machen. Vielleicht müssen Sie sich zuerst immer wieder selbst daran erinnern: Die Kinder ansehen! Später geht das von selbst.

Sie können doch einem einzelnen Kind etwas erzählen? Hier sind lediglich einige mehr, und in ihrer Erwartung sind sie alle gleich.

b) Nehmen Sie beim Erzählen oft die Bibel zur Hand. Sie darf nicht notwendig sein, um daraus den Gang der Geschichte zu ersehen, aber sie soll den Kindern zeigen: Ich erzähle aus Gottes Wort. Ich habe die Bibel gern. Für viele Kinder ist die Bibel ein Buch, das sie selten oder nie zu sehen bekommen. Falls Sie sich vorher Notizen gemacht haben, legen Sie sie in die Bibel, aber versuchen Sie, von Anfang an frei zu sprechen.

c) Bewegungen unterstreichen die Worte. Stehen Sie im allgemeinen ruhig vor den Kindern, aber nicht wie ein Zementklotz! Wie kann einer bewegungslos erzählen, wie David die Schleuder schwingt?! Wenn Noah seine Arche baut! Wenn der Junge dem Herrn Jesus seine Brote hinhält! Wenn Naeman ins Wasser steigt! Bücken Sie sich ein wenig. Sie sind doch lebendig. Und Ihr Gesichtsausdruck wird sich ohne besondere Anstrengung der jeweiligen Szene anpassen, wenn Sie miterleben, was Sie erzählen. Je nach Veranlagung und Temperament wird das der eine mehr, der andere weniger tun.

d) Richtige Illustrationen vertiefen das Erzählte. Wenn Bilder, Flanellbilder, Gegenstände oder die Wandtafel gebraucht werden, ist es nötig, immer wieder neu zu prüfen, ob die Kinder auch gut sehen können. Sonst werden Jungen und Mädchen bei allem guten Willen unruhig, schließlich möchten sie doch alles mitbekommen!

Ein guter Erzähler richtet sich in seiner Sprache nach dem Alter seiner Zuhörer. Versuchen Sie, die Kinder zu verstehen. Beobachten Sie bei Wiederholungen die Kinder in ihrem Stil, um ihnen noch besser in ihren eigenen Ausdrücken begegnen zu können. Liebe und Übung führen zum Ziel. Dabei ist es

2. Die Sprache des Erzählers

aber nicht hilfreich, die »Straßenausdrücke« der Kinder zu übernehmen.

a) Die Sprache für kleine Kinder

Bei kleinen Kindern ist es besonders wichtig, einfache, gegenständliche Worte zu wählen, kurze Sätze zu bilden und ruhig zu sprechen. Es ist ratsam, die direkte Rede häufig zu gebrauchen und mit dem Ton der Sprache zu wechseln, wie es die Geschichte in ihrem Verlauf verlangt. Sie werden bei kleinen Kindern viel schneller fertig sein als bei großen, aber seien Sie dann nicht überrascht, wenn man Sie anbettelt: »Noch mal, bitte, erzähl noch mal.«

Als ich in einem Kinderheim vor schulpflichtigen Kindern die Geschichte vom verlorenen Schaf erzählte, mußte ich sie gleich zweimal wiederholen. Dann gaben sie noch immer keine Ruhe, so daß ich die Geschichte von den Kleinen selbst zum viertenmal erzählen ließ. Auf ihr Drängen hin erzählte ich sie dann noch einmal. Sie erlebten sie immer intensiver mit und freuten sich schon im voraus auf den Augenblick, wo das kleine verlorene Schaf endlich gefunden wurde.

b) Die Sprache für größere Kinder

Auch bei größeren Kindern ist es notwendig, eine einfache, frische Sprache zu gebrauchen. Wenn unbekannte Wörter nicht durch die Erzählung selbst erklärt werden, muß es vorher geschehen. Kinder bleiben sonst bei solch einem Wort hängen, grübeln darüber nach und unterhalten sich sogar darüber. Sollten Sie es bemerken, ist es das Beste, die Geschichte zu unterbrechen und die Worte zu erklären. Weder bei kleinen noch bei größeren Kindern sollten ihre Sätze lang sein, damit sie lebendig bleiben.

c) Die Wahl der Worte

Versuchen Sie, in der Wahl der Worte zu wechseln. Gebrauchen Sie z. B. für »sagte«: rief, schalt, lockte, drohte, meinte, ließ sich hören, brummte, flüsterte. Gespräche sollten in direkter Rede wiedergegeben werden. Die Geschichte wird dadurch lebendiger. Z. B.: Der Sohn bat seinen Vater, er möge ihm alles Geld geben. Oder: Der Sohn forderte: »Vater, ich will nicht länger arbeiten. Gib mir mein Geld – und zwar sofort!«

d) Wechsel in Geschwindigkeit und Tonfall

Gleichbleibend langsames oder schnelles Sprechen wirkt unnatürlich und ermüdend. Beobachten Sie Erzähler und Sprecher im Alltag! Bei frohen Erlebnissen wird schneller gesprochen, bei traurigen langsamer. Pausen treten ein. Sie können Freude, Überraschung, Traurigkeit, Schmerz ausdrücken. Alles das sollte eine gut erzählte Geschichte enthalten.

Ebenso spielt der Tonfall eine große Rolle. Es ist gut, nicht zu laut zu sprechen. Das ermüdet die Kinder und reizt sie, untereinander zu flüstern. Sie können ja auch dann noch alles verstehen. Wird aber gleichbleibend zu leise gesprochen, müssen sie sich zu sehr anstrengen und werden ebenfalls unruhig. Wenn die Geschichte es erlaubt, ist es gut, einmal ganz leise zu werden, vor allem in spannenden Augenblicken, aber auch einmal laut zu rufen, wenn beispielsweise jemand gesucht wird. Kleine Pausen an den richtigen Stellen unterstreichen das Gesagte. Durch die gründliche Vorbereitung haben Sie den Menschen, von denen Sie erzählen, manches abgelauscht!

Nun kann es aber trotz allem geschehen, daß auf einmal eine *3. Das Über-* gewisse Unruhe unter den Kindern eintritt. Die Aufmerksam- *winden der* keit läßt nach. Ein heimlicher Blick auf die Uhr überzeugt Sie: *Unruhe* Ich habe meine Zeit überschritten! Dann ist es am besten, mit wenigen Sätzen die Geschichte gut zum Schluß zu bringen.

Oder vielleicht sind Sie, ohne es zu merken, im Erzählen ein wenig eintönig geworden. Ändern Sie Ihren Tonfall, wechseln Sie das Tempo. Vielleicht hilft es, während des Erzählens einige wenige Schritte vorwärts zu machen und dort stehenzubleiben.

Wenn das plötzliche Unaufmerksamsein der Kinder keinen ersichtlichen Grund hat, kann man ihnen durch Fragen helfen. Vielleicht ist der Höhepunkt der Geschichte unbemerkt zu früh überschritten worden. Das kann nicht mehr rückgängig gemacht werden. In diesem Fall ist es besser, die Stunde früher zu schließen. Niemals sollte etwas unnötig in die Länge gezogen werden, nur weil es noch nicht zwölf Uhr ist! Resignieren Sie nicht, wenn Sie trotz guter Vorbereitung nicht alles sagen konnten, weil die Kinder nicht mehr zu halten waren.

Sie wissen nicht, was in den Herzen Ihrer Zuhörer vorgegan- *4. Die* gen ist. Das eine oder andere Kind mag das Bedürfnis haben, *Gelegenheit zum* mit Ihnen zu sprechen, Fragen zu stellen oder zu beten. Geben *persönlichen* Sie den Kindern am Ende der Stunde Gelegenheit dazu. *Gespräch*

D. Sollen die Kinder nur biblische Geschichten hören?

Um Kindern das Wirken Gottes großzumachen, eignen sich sehr gut Missionsgeschichten aus Gegenwart oder Vergangenheit.

Manchmal können auch Geschichten aus dem Leben verwendet werden, bei denen der Hauptgedanke eine Botschaft enthält. Solche Begebenheiten erklären einen bestimmten Punkt der biblischen Wahrheit.

Das kann auch durch eine erdachte Geschichte geschehen. Nur ist es dann notwendig, den Kindern zu sagen: »Ich stelle mir vor ...« »Ich nehme an ...« »Vielleicht könnte es so gewesen sein ...« »Wir denken ...« Die Jungen und Mädchen müssen wissen: diese Geschichte ist erdacht. Das nimmt nichts von der Wirkung oder Spannung. Und es ist ehrlich.

Geschichten und Begebenheiten, die einen Gedanken der biblischen Geschichte erklären oder lebendig machen, dürfen niemals an die Stelle der biblischen Geschichte treten. Eigene Worte, eigene Erfahrungen mit Jesus Christus bewirken kein Leben. Sie regen an, können zum Nachdenken bringen, aber niemals das tun, was über Gottes Wort verheißen ist.

Darum muß im Mittelpunkt aller Planung und Vorbereitung und im Zentrum unserer Erzählung selbst immer wieder das Wort Gottes stehen.

Martin Luther hat einmal gesagt: »Wer nicht die Heilige Schrift hat, muß seine eigenen Gedanken haben – wer nicht Kalk hat, der mauert mit Dreck.«

III. Der seelsorgerliche Dienst am Kind

A. Wie führe ich ein Kind zu Jesus Christus?

Es schellt. Vor mir steht ein Mädchen aus meiner Gruppe
»Ich möchte dich besuchen.«
»Da freue ich mich aber, komm herein.«
Bald sitzen wir zusammen, und Inge plaudert. Sie erzählt von
den Eltern, von den Geschwistern, von der Schule. Sie redet
fast ununterbrochen. Und ich frage mich heimlich: Was mag
sie hergeführt haben? Zwei Stunden vergehen. Schließlich
stehe ich auf.
»Inge, ich habe noch etwas zu erledigen. Schön, daß du da
warst. Komm bald einmal wieder.«
Das Mädchen schluckt, zögert und bringt endlich stockend
heraus:
»Aber Tante Ruth, ich kann doch nicht gehen. Ich bin doch
eigentlich hergekommen, weil, weil ...«, noch einmal ein
Zögern, ich warte ruhig, »... weil ich zu Jesus kommen wollte.« ...
»Würden Sie bitte heute mittag zum Essen kommen?« werden wir eingeladen. »Mein einziger Sohn ist immer in der
Kinderstunde gewesen. Bitte, sprechen Sie mit ihm.«
»Das liegt nicht bei uns«, ist meine Antwort. »Wir dürfen
kein Kind überfallen und zwingen.«
»Ach bitte, vielleicht geht es doch.« – Wir gehen zum Essen.
Die Unterhaltung dreht sich aber um Schule, Fußballspielen
und andere Dinge, für die sich ein zwölfjähriger Junge interessiert. Es geschieht nichts. Die Mutter ist sehr enttäuscht.
Am selben Nachmittag findet die letzte Kinderstunde statt.
Hartmut ist fast als erster verschwunden. Einige Kinder bleiben zu einem Gespräch zurück. Als wir endlich gehen wollen,
steht der Junge in der Tür und stößt außer Atem heraus: »Ich,

ich will mich heute doch entscheiden!« Später erzählte er uns:
»Ich hatte schon fast zwei Kilometer hinter mir. Da konnte ich
es nicht mehr aushalten. Ich bin fast den ganzen Weg zurück
gerannt.«

Nun war es eine Entscheidung aus eigenem Antrieb.

So unterschiedlich Kinder sind, auf so verschiedenartige Weise kommen sie zu Jesus. Manche durch große Kämpfe, andere
wie selbstverständlich. Hier sind junge Herzen tief gepackt
von der Liebe Jesu Christi, der »für sie« am Kreuz sein Leben
gab. Einzelne kommen: »Ich möchte auch gern das Geschenk
haben, von dem du gesprochen hast.« Und sie nehmen es. Die
meisten Jungen und Mädchen verlangen nach einem Gespräch, einem Erklären, damit sie verstehen und verstehend
handeln können. Auf der andern Seite gibt es solche, die strahlend bezeugen: »Ich hab' es gemacht.« Zu Hause, unterwegs,
mitten in der Kinderstunde. Bei vielen bestätigt das Leben die
Wahrheit ihres Zeugnisses.

Der bekannte amerikanische Evangelist D. L. Moody emp-
fand immer eine besondere Liebe zu den Kindern. Sein Dienst
begann mit einer Sonntagsschularbeit, die sich schnell ver-
größerte, so daß er viele Helfer und Helferinnen brauchte.
Eines Tages fragte er eine seiner Helferinnen:

»Wie viele Kinder Ihrer Klasse gehören schon dem Herrn
Jesus?«

Das junge Mädchen senkte den Blick und antwortete
stockend:

»Ich weiß von keinem.«

Moody fragte weiter:

»Haben Sie die Kinder schon einmal gefragt, ob sie bereit
sind?«

Ein Kopfschütteln war die Antwort. Ein ernstes Gespräch
folgte, und das junge Mädchen entschied sich, am kommen-
den Sonntag den Kindern diese wichtige Frage zu stellen.
Elisabeth war die Älteste der Gruppe. So wandte sich die
Helferin an sie und fragte stockend:

»Elisabeth, hast du schon den Herrn Jesus als deinen Heiland
angenommen?«

Das Kind begann zu weinen und sagte stockend:

»Keiner von uns. Aber wir haben manchmal davon gesprochen und gesagt: Warum fragt sie uns nicht?«

Erschrocken schaute die Lehrerin die Mädchen an. Viele von ihnen begannen zu weinen, und eine nach der andern nahm den Herrn Jesus als ihren persönlichen Heiland an.

Überwältigt von dem Erleben verließ das junge Mädchen nach der Stunde den Raum. Als es den Gang entlangkam, erhob sich in einiger Entfernung von ihr eine Gestalt von den Knien – D. L. Moody. Er hatte für den Segen dieser Stunde gebetet!

Auch heute warten Kinder auf ein Wort. Lore schrieb mir eines Tages:»Heute morgen kam ich mit dem Prediger zusammen vor der Kapelle an. Ich wollte so gern zu Jesus kommen, aber ich wußte nicht wie. Ich habe gewartet, daß er mich fragt, aber er begrüßte mich nur und sagte: Wie geht es dir? Sag mir bitte, warum hat er mich nicht gefragt? Ich hätte bestimmt ja gesagt.«

B. Kinder brauchen einen freien Weg zum Sohn Gottes

Als vor vielen Jahren die Jünger den Erwachsenen verwehrten, die Kinder zu Jesus zu bringen, »wurde er unwillig«. Der Herr gebraucht zwei Verben, um zu zeigen, was er von den Großen im Blick auf die Kleinen erwartet. In Markus 10, 14 sagt er:»Laßt die Kindlein zu mir kommen und wehret ihnen *nicht*; denn solchen gehört das Reich Gottes.«

Kinder sind im Grunde bereit. Darum gebietet der Herr, sie kommen »zu lassen«: sie nicht festzuhalten, ihnen kein Hindernis in den Weg zu legen. »Nicht wehren« – verbieten oder die Achseln zucken: sie sind noch zu klein. Kinder haben ein feines Gefühl für Zweifel der Erwachsenen.

Die Erwachsenen tragen also die Verantwortung, den Weg freizumachen, damit Kinder zu Jesus Christus kommen können. Er sagt:»Laßt sie zu mir kommen.« Nicht zuerst zu uns, zu unserer Gemeinde, zu unserer Lehre, so gut und notwendig das später auch sein mag – sondern zu ihm.

Die Jünger wollten die Kinder nicht zu ihm lassen. Sie meinten es gut, aber sie entschieden damit über das Schicksal der Kinder. Nach Gottes Prinzip jedoch soll sich jeder persönlich entscheiden. »Kann doch niemand seinen Bruder erlösen«, sagt die Schrift. Auch ein Kind muß die Möglichkeit haben, sich zu entscheiden. In Lukas 18, 16 gibt Jesus die Antwort auf die Vorentscheidung der Jünger: Jesus *rief* die Kinder *zu sich.* Niemand wehrte mehr. Nun konnten sich Jungen und Mädchen entscheiden, ob sie dem Ruf des Herrn folgen wollten oder nicht.

C. Warum ist es wichtig, daß Kinder schon im Kindesalter zu Jesus kommen dürfen?

1. Keine Altersgruppe zeigt eine annähernd große Bereitschaft.

Nach Jesu Worten ist das Kind in seiner Art bereit, zu ihm zu kommen. Er ermahnt die Erwachsenen: »Wer nicht das Reich Gottes annimmt wie ein Kind, der wird nicht hineinkommen.« Das Kind zeigt in seiner natürlichen Art verschiedene Wesenszüge, die für den Eingang in das Reich Gottes notwendig sind:
– Das Kind ist demütig.
– Es hat noch nichts aus eigener Leistung vorzuweisen.
– Es glaubt dem, der ihm etwas sagt und handelt im Gehorsam danach.
– Es vertraut den Eltern in allen Dingen des täglichen Lebens. Ja, es vertraut sogar unbekannten Personen aufgrund des Wortes seiner Eltern.
– Ein Kind ist im Grunde seines Herzens willig und unterordnet sich dem, den es achtet und liebt.
– Gerade Kinder sind empfänglich für Liebe, auch für die Liebe Gottes.

2. Das Kinderherz ist noch nicht hart geworden.

Herz und Gewissen des Kindes sind noch nicht durch allerlei Winkelzüge des eigenen Herzens, durch Heuchelei und Eigenwillen verhärtet. Welch ein Gegensatz zum Erwachsenen, von dem Gott sagt: »Deine Unreinigkeit ist so verhärtet, daß, ob ich dich gleich gern reinigen wollte, dennoch du nicht willst dich reinigen lassen von deiner Unreinigkeit.« Hesekiel 24, 13.
Das Kind kennt »Sünde«, auch seine eigene, am Anfang noch nicht. Und doch kommt der Tag, an dem es zum erstenmal ein Bewußtsein für Gut und Böse hat. Niemand kann diesen Moment bestimmen. Er liegt bei manchen Kindern sehr früh. Das Kind empfindet das »Böse« als etwas, das versteckt wer-

den muß, und quält sich damit. Von diesem Zeitpunkt an ist das Kind fähig, ja zu sagen zu Jesus Christus.

Es kann, wenn es früh zu Jesus kommt, alle wichtigen Entscheidungen, wie Berufswahl und Ehe, in der Abhängigkeit von Gott treffen. Deshalb kann solch ein Leben für den Dienst für Gott mehr bedeuten, als wenn ein Mensch im Alter, nach einem vertanen Leben, zum Glauben kommt. *3. Das Kind hat sein Leben vor sich.*

D. Hindernisse durch Erwachsene

Da das Kind in seiner natürlichen Bereitschaft für Jesus am meisten durch äußere Einflüsse gehindert werden kann, ist das Wort Jesu: »Wehret ihnen nicht« besonders ernst und wichtig.

Wer wird wehren wollen? Sicherlich niemand. Jeder Vater, jede Mutter wünscht für sein Kind das Beste an Erziehung und Lebenshaltung. Und gerade hier sollte gewehrt werden? Hier, wo es um das Beste für Zeit und Ewigkeit geht?

In den folgenden Abschnitten wird Verschiedenes aufgezeigt, wodurch Erwachsene das Kind zurückhalten können.

Was das Kind im Elternhaus hört, hinterläßt einen tiefen Eindruck bei ihm. Da betet z. B. die Mutter abends mit ihrem kleinen Kind, aber während des Tages hört es von den großen Geschwistern manchen Spott über göttliche Dinge. Niemand weist diese zurück. Vielleicht machen die Eltern sogar mit. Allmählich beginnt der Zweifel im Herzen des Kindes zu wachsen: Was ist das für ein Gott, zu dem ich bete? Die andern lachen ja über ihn. *1. Das Elternhaus*

Erzählt das Kind begeistert eine biblische Geschichte, die es im Kindergottesdienst gehört hat, wird oft gelacht. »Das glaubst du doch selbst nicht. Die Leute haben es nicht mehr richtig gewußt, als sie es aufschrieben.« So wird ein Fragezeichen hinter das Wort Gottes gesetzt.

Oft entstehen diese Zweifel auch durch unbedachte Worte des Lehrers im Religionsunterricht.

Gerhard stampft böse mit dem Fuß auf, weil sein Bruder, der ein Jahr älter ist als er, nicht mehr zum Gottesdienst zu gehen braucht. »Bis zur Konfirmation könnt ihr mich ja noch zwingen. Aber dann ist endgültig Schluß. Ich wollte, ich wäre auch schon so alt wie Roland; der kann machen, was er will!«

In wie vielen Häusern wird in Gegenwart der Kinder über Seelsorger oder Kindergottesdiensthelfer negativ gesprochen! Wagt das Kind eine Bemerkung, heißt es: »Sei du still. Du hast zu gehorchen.« Aber diese Kritik frißt sich in die Gedanken des Kindes ein, und es kann nicht verhindern, daß sie in einer der nächsten Stunden zum Ausbruch kommt. Vielleicht wehrt sich das Kind zuerst dagegen, aber je öfter es das Urteil der Erwachsenen hört, desto mehr festigt es sich. Das Vertrauen ist erschüttert. Wie wird das Kind den Mut aufbringen, mit einer persönlichen Schwierigkeit zu seinem Seelsorger zu gehen?

2. Das Alter des Kindes

Nach der Kinderstunde kommt eine Mutter:

»Mein Bub will nicht heimgehen. Er will unbedingt mit Ihnen sprechen. Aber er ist erst fünf Jahre alt.« Das ist wirklich jung, doch ob er zu klein ist, vermag kein Mensch zu entscheiden. Das Gespräch, dem die Mutter beiwohnt, zeigt: Der Kleine weiß genau, was er will. Als sich die Mutter verabschiedet, sagt sie mit Tränen in den Augen:

»Ich hätte nie geglaubt, daß so etwas möglich ist, wenn ich es nicht selbst erlebt hätte.«

Ein Evangelist wird einmal gefragt, was seine früheste Kindheitserinnerung ist. Er antwortet:

»Ich entsinne mich als erstes daran, daß ich zu Jesus kam.«

Natürlich sind solch frühe Entscheidungen Ausnahmen; aber es steht nicht bei den Menschen, den Zeitpunkt zu bestimmen. Oft denken Eltern, ihre zehnjährigen Kinder seien noch viel zu klein. Aber sie sind durchaus nicht zu jung, um hinter dem Rücken der Erwachsenen schlimme Dinge anzustellen.

Keine einzige Bibelstelle, in der Gott sein Heil anbietet, stellt eine Bedingung in Bezug auf das Alter des Menschen. Wer kommt, darf nehmen.

3. Der Glaube des Kindes

»Aber Kinder können doch noch nicht glauben! Ich meine den Glauben, wie er zum Ergreifen des Heils nötig ist!« Dieser Einwand wird oft vorgebracht. Aber wie viele verschiedene Arten des Glaubens gibt es denn? Geht es nicht vielmehr um den Gegenstand des Glaubens? Die Glaubensfähigkeit des Kindes sollte so früh wie möglich auf den einzig sicheren, unwandelbaren Gegenstand des Glaubens gelenkt werden: auf Jesus Christus. In Matthäus 18, 6 warnt Jesus: »Wer aber einen dieser *Kleinen, die an mich glauben ...*« Kennt er nicht das Kinderherz besser?

Der Zweifel der Erwachsenen geht weiter. Oft wird folgendes gesagt: »Ja, ich stimme zu: Ein Kind kann glauben, aber es ist dennoch nicht fähig, das Heil zu ergreifen, weil es nicht erfassen kann, um welch eine gewaltige Tatsache es sich handelt. Es muß älter werden.«

4. Das Verständnis des Kindes

Die Größe und Weite des Erlösungswerkes kann ein Kind sicher nicht voll begreifen. Das geht über jeden menschlichen Horizont hinaus. Welcher Erwachsene könnte sich am Ende seines Lebens rühmen, dieses gewaltige Werk erfaßt zu haben?! Was dagegen zur Errettung notwendig ist, kann ein Kind sehr wohl verstehen.

»Die Entscheidung eines Kindes ist nicht echt. Man muß sich später noch einmal entscheiden.« – Mehr als das! Geht es nicht täglich mehrmals um ein neues Entscheiden zum Gehorsam, zur Hingabe? Aber das alles ist nur möglich, wenn einmal eine grundlegende Entscheidung gefallen ist.

5. Die Entscheidungsfähigkeit des Kindes

In einer freikirchlichen Gemeinde wollte sich ein junges Mädchen, neunzehn Jahre alt, taufen lassen.

»Mit elf Jahren habe ich mich für den Herrn Jesus entschieden«, bekannte es, »aber dann bin ich mehrere Jahre ungehorsam gewesen und meinen eigenen Weg gegangen. Vor einem Jahr habe ich mich endlich bekehrt.« Es wurde sorgfältig befragt und antwortete: »Ich habe in der Zwischenzeit wohl gewußt, daß ich Jesus gehörte, und darum war ich meistens unruhig; ich wollte es nur nicht zugeben.«

Wer kennt nicht Zeiten der Lauheit und des Ungehorsams in seinem Leben? Wollen wir wirklich an die Kinder einen strengeren Maßstab legen als an uns Erwachsene?

»Kinder bleiben nicht treu.« – Diese Worte werden wieder und wieder vorgebracht. »Wenn ein Kind erst in die Entwicklungsjahre kommt, kann es nicht treu bleiben. Wir haben es bei unseren eigenen Kindern beobachtet.«

6. Die Treue des Kindes

Jawohl, es gibt viele Kämpfe und viele Enttäuschungen. Sie haben aber sehr oft ihren Grund darin, daß dem Kind nach der Entscheidung die notwendige Pflege versagt geblieben ist. Es ist nicht nur Kind im Glauben, sondern auch Kind seinem Wesen nach. Ein Kind ist nicht fähig, ohne Hilfe das Wort Gottes zu verstehen. Es kann die Antworten auf seine Fragen nicht allein suchen und finden. Es ist sprunghaft und leicht von außen beeinflußbar. Dazu kommt, daß das Kind, weil es sich noch nicht so gut beherrschen und hinter Maschen verstecken kann, mit seinen Kämpfen und seinem Versagen offen vor die Gemeinschaft tritt. Dadurch erschrecken die Erwachsenen leicht.

Und doch beweist das Leben vieler Erwachsener, die als Kinder zu Jesus kamen, daß Kinder treu bleiben können. Wenn sie in die Lebensverbindung mit Jesus Christus treten, wird er selbst sein Werk durchführen. Er bleibt derselbe und ändert sich nicht. Sollte es für den Herrn Jesus wirklich zu schwer sein, einen Menschen zehn Jahre länger durchzubringen?!

Die Bibel sagt in Philipper 1, 6: »und ich bin darin guter Zuversicht, daß der in euch angefangen hat das gute Werk, der wird's auch vollenden bis an den Tag Christi Jesu.«

Entsteht nicht allzu leicht durch diese Meinungen und Argumente eine Art Mauer, durch die Jungen und Mädchen gehindert werden, zu Jesus zu kommen, der sagt: »Laßt sie ... wehret ihnen nicht!«?

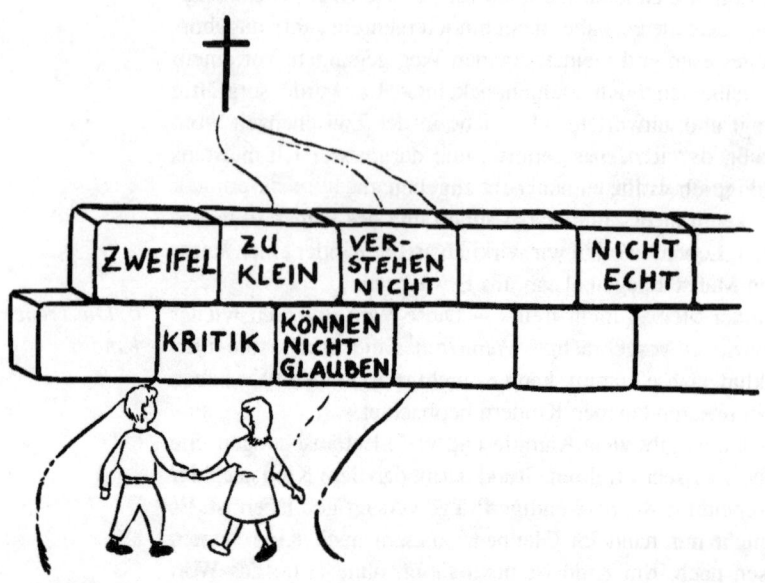

E. Grundsätzliche Unterschiede in der Seelsorge zwischen Erwachsenen und Kindern

»Ich möchte so gern Kindern helfen. Aber wenn ich ehrlich sein soll, dann habe ich niemals Kinder zu Jesus eingeladen, weil ich Angst habe und nicht weiß, was ich mit ihnen machen soll. Ich kann doch nicht einfach beten!« Leises, trauriges Bekenntnis einer Gemeindeschwester.

Und kurze Zeit später kommt nach einem Vortrag ein Pfarrer tief bewegt zu mir:

»Warum habe ich das erst heute erfahren! In jedem Jahr gehen Hunderte von Jungen und Mädchen durch meine Hände. Ich habe ihnen das Beste gegeben, was ich hatte. Aber hätte ich dies gewußt, wäre es weit besser gewesen. Heute endlich sagt mir jemand, wie ich es machen kann.«

Um dieses *Wie* geht es. Natürlich gibt es keine feststehende Methode, keine Schablone, die in jedem Fall das gewünschte Resultat erzielt. Statt dessen brauchen wir immer neue Wegweisung. Es geht um Kinder, die in ihrer Art von den Erwachsenen abhängig sind. Sie können noch nicht selbständig prüfen, was ihnen gesagt wird. Darum ist es überaus wichtig, Vorsicht zu üben und der Stimme Gottes zu gehorchen. Niemals dürfen rauhe Hände in das Leben eines wehrlosen Kindes eingreifen. Sie könnten nur zerstören.

Der Weg der Erlösung soll nicht leichtgemacht oder verniedlicht, sondern in einfachen Worten so erklärt werden, daß das Kind ihn verstehen kann. Es hat ein Recht darauf, in ganzer Konsequenz zu hören, was Gott von ihm fordert und wie es vor Gott steht.

1. Das Kind braucht eine einfache Erklärung des Heilsplanes Gottes.

Schwere Wörter müssen erklärt werden, z. B. Erlösung, Gnade, Glaube. Sonst ist es besser, sie nicht zu gebrauchen. Nicht alle Kinder, die zu einem Gespräch zurückbleiben, sind mit ihnen vertraut. Und Kinder, die im Elternhaus diese Worte kennen, haben meistens keine klare Vorstellung von ihrer Bedeutung.

Wenn den Kindern der Heilsweg erklärt wird, ist es gut, sich auf ein oder zwei Bilder zu beschränken. Sonst wird das Kind verwirrt. Die Bibel gibt viele Möglichkeiten. Sie spricht u. a.

2. Auf ein oder zwei Bilder konzentrieren

von: Licht, Leben, Tür, Hirte, Weg, Geburt, Strafe, Geschenk, Krankheit, Gericht, Himmel.

3. Ein Kind wird menschlich leicht beeinflußt. Darum ist besondere Vorsicht geboten; es steht sonst in der Gefahr, nur zu handeln, um dem Erwachsenen zu gefallen. Deshalb Kinder unter keinen Umständen zwingen, drängen, bearbeiten. Menschen müssen zurücktreten, damit das Kind zum Herrn Jesus finden kann.

F. Wer kann den Kindern seelsorgerlich helfen?

Um diesen Dienst tun zu können, ist es nicht unbedingt nötig, eine lange Ausbildung hinter sich zu haben. Er erfordert mehr als Ausbildung: ein gehorsames Leben vor einem heiligen Gott. Besonders ist folgendes wichtig:

1. Persönliche Errettung und Gemeinschaft mit Gott Wie kann jemand einem Kind den Weg zu Jesus Christus zeigen, der ihn selbst noch nicht gegangen ist? Das Wort Gottes und ein persönliches Zeugnis müssen zusammenfallen. Noch etwas kommt hinzu: Wer nach seiner Entscheidung für Jesus Christus nicht ein echtes, frohes Christenleben führt und tägliche Gemeinschaft mit Gott hat, wird es sehr schwer haben, auf Gottes Stimme hören zu können, wenn er mit einem Kind spricht. Christsein heißt ja nicht auf Vergangenem ausruhen, sondern in der Gegenwart des heiligen Gottes leben zu dürfen.

2. Die Überzeugung, daß Kinder sich entscheiden können Jesus Christus sagt in Matthäus 18, 14: »So ist's auch nicht der Wille bei eurem Vater im Himmel, daß auch nur eines von diesen Kleinen verloren werde.« Das zeigt die Notwendigkeit, daß ein Kind nicht nur zu Jesus kommen kann, nein mehr: kommen muß. Wer nur den leisesten Zweifel im Herzen hat, ob ein Kind sich wirklich entscheiden kann, sollte von solchem Dienst Abstand nehmen.

3. Kenntnis der Heiligen Schrift Eigene Worte nützen nicht viel. »Der Glaube kommt aus der Predigt, die Predigt aber durch das Wort Gottes.« Das Wort Gottes ist die Macht: das zweischneidige Schwert, der Hammer, das Feuer, der Same. Dieses Wort muß das Kind kennenlernen, damit es zur Richtschnur seines Lebens wird.

4. Das Gebet für die Kinder Ist Ihnen die Errettung der Kinder wirklich so ernst, wie Jeremia es in seinen Klageliedern ausdrückt? In Kapitel 2, 19 heißt es: »Steh des Nachts auf und schreie zu Beginn jeder

Nachtwache, schütte dein Herz aus vor dem Herrn wie Wasser. Hebe deine Hände zu ihm auf um des Lebens deiner jungen Kinder willen, die vor Hunger verschmachten an allen Straßenecken.« Jeremia sah sein Volk. Aber geistlich gesehen ist der Zustand der Kinder heute derselbe. Kinder verlangen nach dem »Brot des Lebens«. Unzählige Briefe, die auf Grund der Radiosendungen eintreffen, bringen dieses Fragen der Kinder zum Ausdruck. In ihrem Sehnen nach innerer Gewißheit erleben Jungen und Mädchen ganz unterschiedlichen Alters, daß sie gerade in diesem Punkt nicht ernst genommen und auf später vertröstet werden.

Gottes Wort dagegen ermahnt: »Hebe deine Hände auf.« Ringe – bete. Dann wird es leichter, die Gelegenheit auszunutzen. Vielleicht bedeutet es, auf eigene Vorhaben zu verzichten. Denn aufschieben oder zurückschieben kann gefährlich sein. Nur die Gegenwart steht zur Verfügung. Niemand weiß, ob das Kind mit seiner Bitte noch einmal wiederkommt.

Es genügt nicht, dem Kind nur beim ersten Schritt zu helfen. *5. Ein Blick über den Anfang hinaus* Viele, viele Schritte werden notwendig sein, die es kaum allein tun kann. Da heißt es, vorher zu überlegen, wie dem Kind nach seiner Entscheidung geholfen werden kann, damit es innerlich wächst und stark wird.

Die Bibel berichtet von einem Ehepaar, dem ein Kind verheißen wurde. Als die Frau, welcher der Bote Gottes erschienen war, ihrem Mann davon erzählte, war er nicht zufrieden. Er bat: »Ach, Herr, laß den Mann Gottes wieder zu uns kommen, den du gesandt hast, damit er uns lehre, was wir mit dem Knaben tun sollen, der geboren werden soll.« Richter 13, 8. Er wollte genau wissen, was sie mit dem Knaben tun sollten, bevor er da war. Und Gott erhörte das Gebet.

Es gilt, die Kinder lieben zu lernen mit einer Liebe, die sich *6. Liebe zu den Kindern* um ihr ewiges Heil kümmert. Warten Sie aber nicht auf ein Gefühl, bevor Sie beginnen. Wenn Sie im Gehorsam diesen Dienst tun, wird Gott die Liebe schenken.

G. Die Einladung

Ein Mädchen steht am Zelteingang. Es wartet nach der letzten Kinderstunde, um sich zu verabschieden. »Wie froh bin ich über diese zwei Wochen«, sprudelt es glücklich heraus. »Vor zwei Jahren war auch eine Zeltmission hier. Ich bin gern zur Kinderstunde gegangen. Aber«, und nun stockt es und fährt zögernd fort, »wenn ich in der Zwischenzeit gestorben wäre, weiß ich ganz genau, ich hätte nicht in den Himmel kommen können.« – »Warum denn nicht?« – »Da war so viel Böses in meinem Herzen.« – »Warum bist du denn damals nicht zu Jesus gekommen?« – »Es hat uns ja keiner gesagt.«

Es hat uns ja keiner gesagt!

Darum sollte eine Einladung, zu Jesus zu kommen, immer das sein, was das Wort bedeutet: die Möglichkeit geben, durch die geöffnete Tür hindurchzugehen. Die Einladung ist nichts Geheimnisvolles, Verborgenes. Viele Kinder sagten oder schrieben später:

»Ich danke dir, daß du mir Gelegenheit gegeben hast, zu Jesus zu kommen.«

Die folgenden Abschnitte geben praktische Vorschläge für Zeit und Art einer Einladung.

1. Wie kann die Einladung gegeben werden?

Es ist notwendig, die Einladung immer wieder freundlich zu geben. Ob ihr Folge geleistet wird, liegt beim Kind. Da niemand weiß, wann Gott ein Herz bereitgemacht hat, kann die Einladung nicht häufig genug erfolgen. Vielleicht wird das Kind nicht mehr wiederkommen. Die Verantwortung ist zu groß.

a) Freundlich und verständlich

Die Einladung sollte klar und verständlich sein, damit das Kind weiß, was es tun soll. Wenn Sie zu einem Gespräch einladen, dann sagen Sie auch, wo es stattfinden kann. Die Einladung sollte positiv ausgedrückt werden: »Komm.« Nicht: »Wenn du nicht kommst ... dann ...« Keine Drohungen. Verlassen Sie sich auf das Wort Gottes, das Sie in der Stunde weitergegeben haben. Ist das Kind nicht durch das Wort Gottes zur Entscheidung bereitgemacht worden, so wird es sich durch Menschenworte sicher nicht bewegen lassen. Die Entscheidung könnte dann leicht zu einer Form ohne Inhalt verkommen.

Manchmal ist es notwendig, den Kindern zu erklären: »Es gibt gleich (in der Seelsorge) keine neue Geschichte mehr. Ich werde mit jedem sprechen, der hierbleibt und hören möchte, wie er zum Herrn Jesus kommen kann. Ich habe Zeit für jede Frage.«

60

Kinder müssen also verstehen: Es geschieht nichts Verborgenes, Geheimnisvolles. Das muß in der Formulierung klar zum Ausdruck kommen, damit nicht Kinder, durch Neugierde angespornt, auf jeden Fall mitbekommen möchten, was geschieht.

Wenn Sie eingeladen haben, erwarten Sie Gottes Wirken, rechnen Sie mit seiner Gegenwart. Sie haben getan, was Sie konnten. Beten Sie für die Kinder und verlassen Sie sich auf Gottes Macht.

b) Erwartungs-voll

»Ich habe aber noch nie erlebt« meinte eine Gemeindeschwester ein wenig abfällig, »daß ein Kind Sonntag morgens zu mir kommt. Ich habe versucht, sie zu bewegen, zurückzubleiben. Aber immer gingen alle nach Hause. Das gibt es sicher nur in besonderen Kinderwochen.«

Natürlich ist es in regelmäßigen Sonntagsstunden nicht einfach. Doch ich mußte sie fragen:

»Haben Sie dafür gebetet und erwartet, daß Gott etwas an den Herzen der Kinder tun würde?«

Nach einem kleinen Augenblick des Schweigens gab sie zu: »Nein, wenn ich ehrlich sein soll, eigentlich nicht. Im tiefsten Grunde glaube ich nicht, daß es je geschehen könnte.«

Ein längeres Gespräch folgte. Wie war sie dankbar, als wir am folgenden Sonntag erlebten, wie treu Gott zu seinen Verheißungen steht.

Es wird monoton, wenn am Ende jeder Stunde der Satz ertönt: »Und nun bin ich für alle da, die Fragen haben. Bitte, kommt nach vorn.« Mit Sicherheit werden die Kinder nicht mehr zuhören.

c) Mit verschiedener Formulierung

Prüfen wir uns einmal: Wählen wir immer dieselben Worte, wenn wir Gäste einladen? Sagen wir sie bei verschiedenen Gelegenheiten gleich? Wir würden uns dumm und langweilig vorkommen. Eigentümlicherweise macht sich da offensichtlich eine gewisse Gleichgültigkeit breit. Welch großer Irrtum!

Es sind verschiedene Möglichkeiten vorhanden. Einmal gibt es in jeder Stunde eine andere biblische Geschichte, und die Einladung kann und sollte auf einen Punkt dieser Geschichte zurückgreifen. Dadurch entdecken die Kinder, daß Gottes Wort sie heute angeht. Die Formulierung der Einladung muß sich nach dem Alter und der Art der Kinder richten.

2. Wann kann die Einladung gegeben werden?

a) Bei der biblischen Geschichte

Die Einladung braucht nicht immer am Ende der Stunde ausgesprochen zu werden. Die Erfahrung zeigt, daß Kinder, deren Herzen bereit sind, die Möglichkeit ergreifen, ganz gleich, an welcher Stelle der Stunde sie ihnen angeboten wird.

Anfang, Mitte oder Ende der Geschichte bieten gleich gute Möglichkeiten. Wenn z. B. bei Zachäus erzählt wird: »Und der Herr Jesus rief ihm zu: Komm eilend herunter, Zachäus, ich muß heute bei dir einkehren!«, kann hinzugefügt werden: »Und so ruft der Herr Jesus auch heute. Ja, dich. Wenn du auf diesen Ruf mit Ja antworten willst, dann bleib am Ende der Stunde zurück, damit wir miteinander sprechen können ... Zachäus hörte diesen Ruf ...« Schon wird die Geschichte fortgesetzt.

Bei der Geschichte vom Gichtbrüchigen kann gleich am Anfang gesagt werden, was die Kinder tun können. »Die Freunde brachten den Kranken zu Jesus. Es gab keine andere Hilfe. Er allein konnte den Kranken heilen. Auch heute kann nur Jesus Christus die schwere Krankheit des Bösen, der Sünde, heilen. Du brauchst aber nicht zu ihm getragen zu werden. Du kannst selbst kommen. Möchtest du? Ich habe nach der Stunde Zeit für dich und warte hier vorn auf dich ... Immer näher kamen die Freunde zu dem Haus, in dem der Herr Jesus sprach ...« Die Geschichte geht weiter.

b) Beim Singen oder Spruchlernen

Die Möglichkeit, eine Einladung auszusprechen, ist nicht nur in biblischen Geschichten gegeben, sondern auch bei Liedern, die gesungen oder gelernt werden.

Z. B.: Ein reines Herz, Herr, schaff in mir
Der Himmel steht offen
Ich weiß, ich werde einmal Jesus sehn
Der Kluge baut sein Haus
Ein Satz aus dem Lied kann wiederholt und mit der Einladung verbunden werden.

Wie oft wird in der Stunde ein Spruch gelernt! Z. B.: Johannes 14, 6: »Ich bin der Weg ... niemand kommt zum Vater denn durch mich.« Können wir nicht gleich einflechten: »Dieser einzige Weg steht heute vor dir. Du kannst ihn betreten. Aber wenn du nicht so recht weißt wie, bleib nach der Stunde hier. Ich will dir gern helfen.«

Natürlich soll das nicht heißen, daß bei jedem Spruch, bei jedem Lied, bei jeder Geschichte in dieser Weise eingeladen werden soll. Die Kinder würden auch dann nicht mehr hinhören. Es geht darum, eine Einladung an einer geeigneten Stelle in geschickter, ansprechender Weise auszusprechen.

H. Was muß ein Kind wissen, um sich entscheiden zu können?

Es klopft. Meike steht vor der Tür.

»Darf ich mit dir sprechen?«

»Natürlich, komm herein. Wir sind ganz ungestört.« Nach einer kleinen Pause:

1. Die Notwendigkeit eines vorbereitenden Gespräches

»Ich muß dich etwas fragen. Vor einem Jahr bin ich nach einem Kindergottesdienst zurückgeblieben. Ich wollte so gern Frieden haben. Mich hat das Böse in meinem Herzen gequält. Manchmal war es nicht so schlimm. Dann konnte ich es aushalten. Aber ich war nicht wirklich froh. Und dann hast Du mit mir gebetet. Aber ich weiß gar nicht richtig, was eigentlich geschehen ist, ob ich wirklich dem Herrn Jesus gehöre. Kannst du mir das sagen?« Forschend, hoffend blickt sie herüber. Ein Gespräch entwickelt sich, und als Meike geht, kann man ihr die Freude, die endlich eingekehrt ist, in den Augen ablesen.

Diese Schwierigkeit zeigt sich manchmal in der Seelsorge.

»Ich habe mit einem gesprochen. Er sagte: Dann wollen wir zum Herrn Jesus beten. Aber ich wußte gar nicht, was ich tun sollte.«

Genügt es nicht, mit dem Kind zu beten? Es muß doch mit dem Herrn Jesus sprechen, wenn es sich entscheiden will! Ganz gewiß: Aber bevor das Kind betet, mit Bewußtsein beten kann, muß verschiedenes geklärt werden. Ein Kind wird von sich aus weniger Fragen stellen als ein Erwachsener, sondern vertrauensvoll erwarten, daß ihm alles gesagt wird, was nötig ist. Darum muß das vorbereitende Gespräch gründlich und einfach sein.

Über wesentliche Punkte sollte das Kind Klarheit erhalten. Versuchen Sie nicht, alles auf einmal zu erklären. Es geht in diesem Gespräch nur um das, was zur Heilsannahme nötig ist.

Es gilt, falsche Vorstellungen auszuräumen. Kinder denken oft, sie müßten erst gut werden. Ein Junge schreibt:

63

»Ich kann mich noch nicht bekehren, ich streite mich so oft.«
Oder ein Mädchen:

»Ich kann ja nicht zum Heiland kommen, weil ich meiner Mutti nicht immer gehorche.«

Wieder ein anderes meint:

»Wenn ich zum Heiland komme, muß ich doch gut sein, sonst hat er mich nicht lieb.«

Da die Kinder erkennen sollen, was Gott von ihnen will, müssen ihnen Verse aus der Heiligen Schrift erklärt werden. Zwei oder drei genügen. Das Kind fürchtet sich leicht vor Neuem. Deshalb ist es noch besser, wenn es einige dieser Verse in früheren Stunden auswendig gelernt hat. Damit das Kind erkennt: Gott spricht mit mir, ist es ratsam, die Bibel aufgeschlagen in der Hand zu halten und nicht nur selbst einen Vers zu lesen, sondern auch das Kind lesen zu lassen.

2. Was muß das vorbereitende Gespräch enthalten?

Manchmal kann man sich mit Anschauungsmitteln helfen. So z. B. mit dem bekannten »wortlosen Büchlein« und seinen farbigen Seiten.

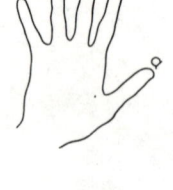

Eine weitere Möglichkeit ist die »Hand«, die die Kinder sich in den Stunden selbst basteln können, um sich daran zu erinnern, was jeder Finger bedeutet. Ähnlich wie beim »wortlosen Büchlein« die verschiedenen Farben der Seiten Bedeutung haben, können auf die Finger der Hand folgende Aussagen oder eine dazu passende Bibelstelle geschrieben werden. Es ist das beste, wenn das Gespräch mit der wunderbaren Tatsache der Liebe Gottes eröffnet wird.

In einer Kinderstunde erzählte ich von der Herrlichkeit und Reinheit des himmlischen Jerusalems und zeigte den Jungen und Mädchen die goldene Seite des »wortlosen Büchleins«. Die Augen der Kinder strahlten, als sie sich diese Pracht vorstellten.

»Ihr könnt sicher verstehen«, fuhr ich fort, »was die Bibel meint, wenn sie sagt: Niemand darf in diese goldene Stadt, der irgend etwas falsch gemacht hat; der etwas zu verstecken hat, der eine Sünde ...« Da flog ein Stuhl um; kreidebleich war ein Mädchen aufgesprungen:

»Aber dann kommt ja keiner hinein!« Die Kinder starrten sich erschrocken an.

Ich zeigte ihnen dann den Weg und erzählte, was Gott in seiner Liebe getan hat.

Folgende Bibelstellen können den Kindern helfen, die Liebe Gottes zu erfassen. Jene Liebe, die den andern auch dann noch liebt, wenn er gleichgültig daran vorbeigeht oder sie wie ein Feind ablehnt.
Johannes 3, 16 - 1. Johannes 4, 9 - Jesaja 43, 4 - Jeremia 31, 3 - Epheser 2, 4

a) Gott liebt jeden Menschen.
Johannes 3, 16
(Goldene Seite)

Dieser Punkt darf nicht leichtfertig übergangen werden. Es handelt sich zwar um Kinder, die noch nicht so tief in die Sünde gefallen sind wie Erwachsene, aber es kommt nicht auf den Grad, sondern auf die Tatsache der Sünde an. Kein Mensch kann einen andern von Sünde überführen. Das ist allein das Werk des Heiligen Geistes und geschieht durch das Wort Gottes. Aber auch ein Kind kann die Rettungshand Jesu nicht ergreifen, solange es nicht weiß, wovon es errettet werden muß.

b) Jeder hat gesündigt und muß bestraft werden.
Römer 3, 23
(Schwarze Seite)

Kein Schwimmer, der ins Wasser fällt, wird um Hilfe rufen. Und niemand, der nicht weiß, daß er verloren ist, betet um Errettung. Durch die falsche Einstellung mancher Erwachsenen bekommen Kinder leicht abwegige Vorstellungen von der Wirklichkeit der Sünde. Sie meinen manchmal: »Sünde ist das, wobei man ertappt wird.« – »Du kannst ruhig tun, was du willst, du darfst dich nur nicht erwischen lassen.«

Es ist notwendig, daß das Kind einsieht: Ich brauche nichts besonders Schlimmes zu tun, um verlorenzugehen. Ich bin bereits verloren, weil in meinem Herzen und in meinem Leben Böses lebt. Das Kind wird naturgemäß unter »Herz« das Körperorgan verstehen. Dieses Herz ist jedoch nicht gemeint. Das »Herz«, von dem die Bibel spricht, ist der Sitz des Wollens und Fühlens, der Mittelpunkt unseres Seins. Hier werden die Entscheidungen unseres Lebens getroffen. Und dieses Herz ist böse. Darum sind alle Gedanken, Worte und Taten böse, denn sie haben dort ihren Ursprung.

Eine der im folgenden genannten Bibelstellen wird aufgeschlagen. Das Kind hört von Sünde und Strafe für die Sünde. Es sieht ein, daß es für Ungehorsam Strafe verdient hat. Für manche Kinder ist das schwer, weil sie es im Alltag oft ganz anders erleben.

»Bei uns zu Hause kann ich machen, was ich will«, meinte eins nachdenklich. »Und meistens gefällt mir das auch. Aber manchmal hätte ich lieber, wenn ich bestraft würde. Wenn ich Vati belogen habe und er weiß nichts davon und bringt mir am

Abend eine Tafel Schokolade mit, dann schmeckt sie überhaupt nicht.«

Ein Junge griff in das Gespräch Erwachsener ein, die sich
darüber unterhielten, daß der moderne Mensch sein Kind
nicht mehr körperlich züchtigt, und meinte: »Aber bei mir
geht's nicht ohne Schläge.«

»Tante Ruth«, sprach mich nach einer Kinderstunde ein Bub
an. »Ich habe schon viel Böses getan. Aber mein Vati nicht.
Der muß mich ja immer strafen.« Merken wir, wie weit das
Gerechtigkeitsgefühl bei einem Kind geht?

In dem Gespräch über die Sünde gilt es, vorsichtig zu sein,
damit das Kind nicht in einen Schuldkomplex hineingetrieben
wird. Das Wort Gottes wird erklärt. Und das Kind muß dahin-
kommen, daß es persönlich erkennt: Ich bin gemeint. Ich habe
gefehlt und verdiene Strafe!

Aus der Fülle der Schriftstellen seien einige herausgegriffen,
die zeigen, wie Gott über die Sünde denkt:

Römer 3, 23	Kein Unterschied: Alle haben gesündigt.
Römer 6, 23	Der Tod ist die Strafe für die Sünde.
Galater 3, 10	Wer nicht alles hält, ist verflucht.
Hesekiel 18, 4	Der Mensch, der sündigt, soll sterben.
Jesaja 64, 5	Meine Gerechtigkeit ist vor Gott wie ein schmutziger Lumpen.

Es gibt auch schon selbstgerechte Kinder. Sie müssen erkennen, daß auch das Gute, das sie tun, vor Gott nichts taugt. Es
kommt aus einem Herzen, das vor ihm verdorben ist, das ihm
widerstrebt. Sünde ist alles, was dem Worte Gottes nicht vollkommen entspricht, was also am Ziel Gottes vorbeigeht. Sünde ist also Zielverfehlung – eine Erklärung, die Kinder durchaus verstehen können.

c) Jesus trug alle
Sünde und
Strafe.
1. Petrus 2, 24
(Rote Seite)

Als nächstes soll das Kind erkennen, was der Herr Jesus getan
hat, damit es trotz seiner Sünde zu Gott kommen kann. Wird
es möglich sein, dem Kind das Erlösungswerk so zu erklären,
daß es auch versteht, was man sagt? Ganz gewiß. Nehmen wir
z. B. die Stelle aus 1. Petrus 2, 24 oder Jesaja 53, 4-6 und erset-
zen die Worte »uns, unsere« durch »mich, meine«. Es geht
hier nicht um mehrere, nicht einmal um zwei, sondern um
jeden einzelnen.

Die Strafe für die Sünde muß getragen werden. Gott ist gerecht. Er »drückt nicht ein Auge zu«, wie der Lehrer oder

vielleicht auch die Eltern. Alles Böse wird von ihm bestraft. Darum gibt es keine andere Hoffnung als Jesus Christus. Er wurde Mensch. Es gilt, die Reinheit und Sündlosigkeit des Lebens Jesu Christi zu zeigen, um zu sagen, daß der Heiland, weil er ohne Sünde war, alle unsere Sünden und unsere Strafe auf sich nehmen konnte. Er nahm am Kreuz unsern Platz ein. Jesus Christus tat es, damit Gottes Gerechtigkeit befriedigt werden und er uns mit seiner Liebe überschütten konnte.

Folgende Bilder helfen den Kindern, die Heilstatsachen besser zu verstehen.

Nehmen Sie ein rotes Kreuz und legen Sie ein dunkles Herz darauf. Sie zeigen damit, daß Gottes Sohn alle unsere Sünde an seinem Leib an das Kreuz trug und für uns gestraft wurde.

Noch plastischer wirkt es, wenn man während des Erzählens zunächst ein Herz aus schwarzem Flanell auf die Tafel heftet und dann einen der Wortstreifen nach dem anderen darüberlegt. Während Sie Worte wie Neid, Lüge, Ungehorsam, Stehlen, häßliche Worte, Stolz, Mogeln, Haß, Unglaube, Streit erklären

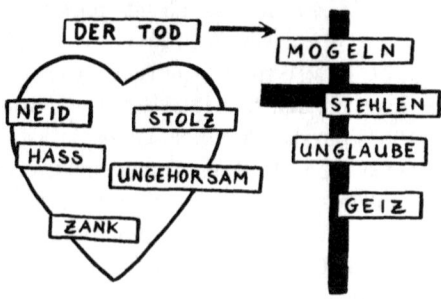

und nacheinander auf das schwarze Herz legen, sprechen Sie über Sünde und die Strafe für die Sünde, den Tod. Nun sprechen Sie über das reine Leben Jesu. Dabei legen Sie das rote Kreuz auf die Tafel. Nun zeigen Sie sein Leiden am Kreuz, als er dort alle Sünde auf sich nahm. Während des Sprechens legen Sie einen Wortstreifen nach dem andern vom Herz weg auf das Kreuz, bis es ganz von Sünde bedeckt ist, und zeigen den Kindern, daß der Herr Jesus von seinem Vater verlassen werden mußte wegen unserer Sünde. Dann wird auch der Streifen »Der Tod« über das Kreuz gelegt, um deutlich zu machen, daß Gott seinen Sohn dahingeben mußte, obwohl er ihn so sehr liebte, weil unsere Sünde auf ihm lag. Gott nahm das

Opfer seines Sohnes an. Nach drei Tagen ist Jesus Christus auferstanden. Heute lebt er und will alle die erretten, die zu ihm kommen.

Danach drehen Sie das Herz um. Es ist auf der andern Seite weiß, und Sie erklären, daß der Herr Jesus die Sünde, die er getragen hat, vergibt, wenn der Mensch mit seiner Schuld zu ihm kommt. Über das weiße Herz legen sie den Wortstreifen »Das ewige Leben«.

An diesem Bild werden den Kindern Bibelverse wie:

Römer 6, 23 (Strafe und Gabe) und

1. Petrus 2, 24 (alle Sünden hinaufgetragen an das Kreuz) besonders deutlich.

Ein großer schwarzer Kreis kann klarmachen, wie dunkel und grauenhaft die Strafe für die Sünde war, die Jesus Christus für uns auf sich nahm

Auch andere Schriftstellen lassen sich hier gut anwenden. Zum Beispiel:

Philipper 2, 7+8	Er entäußerte sich selbst.
Titus 2, 14	Der sich selbst für uns gegeben hat.
Galater 3, 13	Wurde ein Fluch für uns.
2. Korinther 5, 21	Wurde für uns zur Sünde gemacht.

d) Die persönliche Entscheidung. Römer 6, 23 (Weiße Seite)

Nachdem das Kind erkannt hat: Jesus Christus hat alles für mich getan, geht es um das Ergreifen dieser Tat, das Annehmen des Geschenkes. Eine Gabe hat keinen praktischen Wert, wenn sie liegenbleibt. Hier fällt die Entscheidung, die das Kind selbständig treffen muß. Darum gilt Vorsicht! Hände weg! Das Kind muß aus freiem Willen dahin kommen, diese Erlösungstat für sich anzunehmen.

Man kann hier eine Schriftstelle wiederholen, die schon unter einem anderen Gesichtspunkt angeführt wurde, z. B.:

Römer 6, 23   Die Gabe Gottes.

Zunächst ging es um den ersten Teil, die Strafe, jetzt steht das Geschenk, das ewige Leben, im Vordergrund.

Das Annehmen ist für ein Kind nicht schwer. Als ich einmal eine Gruppe fragte, wie sie das Geschenk bekommen könnten, rief ein Bub entschieden: »Wenn es mir einer gibt.« Ein anderer sagte: »Wenn ich darum bitte.« – »Hast du es dann schon, wenn du bittest?« – »Nein, ich muß es nehmen.«

Es ist gut, vorher noch einen Punkt zu klären. Die Bibel gebraucht dafür das Wort: Buße (Apg. 4, 19). Natürlich kann ein Kind den letzten Sinn dieses Begriffs noch nicht erfassen, aber doch genug, um die Frage zu beantworten: Bist du bereit, von jetzt an dem Herrn Jesus zu gehorchen? Auch wenn deine Klassenkameraden lachen? Auch wenn du nicht mehr alles das tun kannst, was du willst? Die Frage lautet nicht: Bist du fähig? Kannst du gehorchen? Darauf müßte jeder mit »nein« antworten. Es geht um die Herzenshaltung. Bereit sein, willig sein, denn Buße heißt Umkehr: Weg vom eigenen Wollen und hin zum Gehorsam.

Oft zögern Kinder, wenn sie vor diese Frage gestellt werden. Aber sie müssen die Konsequenzen vorher kennen. Denn das Leben eines Christen kennt nicht nur Sonnenschein, sondern auch Kampf. Kinder denken oft: »Wenn ich zu Jesus komme, ist alles gut, so daß ich automatisch das Gute tue und alles richtig mache.« Nachher kommt dann die große Enttäuschung und Verzweiflung, so daß sie manchmal alles über Bord werfen: »Es hat ja doch keinen Zweck!«

Zeigen Sie den Kindern bei dieser Frage, daß der Herr Jesus, der in ihr Leben hineinmöchte, ihnen die Kraft geben wird, das zu tun, wozu sie jetzt innerlich bereit sind.

Eine weitere Schriftstelle, die dem Kind sagt, was der Herr Jesus will, ist Offenbarung 3, 20.

Zuerst kommt das Hören, dann das Aufmachen. Der Herr sagt: Wer öffnet, zu dem werde ich eingehen. Also muß das Kind die Entscheidung treffen und die Tür aufmachen.

Johannes 1, 12 zeigt etwas Ähnliches: »Wie viele ihn aber aufnahmen ...« Manche Kinder kommen nachdenklich: »Aber der Heiland kann ja nicht in mein Herz kommen. Er ist viel zu groß!« Ein Mädchen meinte ängstlich: »Wenn der Heiland in mein Herz kommt, wird er ja ganz blutig ...«

Vielleicht muß der Begriff »Herz« noch einmal erklärt werden. Es kann das Bild des Lebenshauses gebraucht werden, in das der Herr Jesus hinein will. Das Herz ist der Mittelpunkt, wo alle Entscheidungen fallen. Wenn der Herr Jesus in uns wohnt, muß er Herr sein über alles: Familie, Schule, Spiel, Lernen, Freunde. Doch er kann es nur, wenn er darum gebeten wird, wenn ihm die Tür geöffnet und er eingelassen und angenommen wird.

Manche Kinder haben gefragt:

»Wenn jetzt der Herr Jesus in mein Herz kommt, wie kann er dann zugleich in deinem Herzen sein und in Friedrichs Herzen und in Monikas?« Dieses »Wie« kann kein Mensch erklären. Das muß dem Kind gegenüber zugegeben werden. Der Herr Jesus kann, weil er Gott ist, überall zur gleichen Zeit sein.

e) Die Gewißheit der Errettung. Johannes 5, 24. (Grüne Seite, das Sinnbild des Wachsens.)

Wenn das Kind den Herrn Jesus aufgenommen hat, braucht es Gewißheit. Gewißheit kommt aus dem Worte Gottes durch den Heiligen Geist und hat mit Gefühl nichts zu tun. Kein Mensch kann dem Kind die Gewißheit der Errettung geben. Das Wissen um das neue Leben schenkt nur der ins Herz, der dies Leben gab: Gott. Deshalb muß das Kind aus der aufgeschlagenen Bibel Gottes Antwort erkennen lernen. Fragen helfen. Am besten geeignet sind »W-Fragen«, also Fragen, die mit einem Fragewort (was, wie ...) beginnen. »Ob-Fragen«, die mit »ja« oder »nein« beantwortet werden können, sollten vermieden werden. Dabei ergibt sich die Gelegenheit zum ersten Zeugnis, z. B.:

»Was hast du jetzt getan?«

»Wie hast du dem Herrn Jesus geantwortet?«

»Worum hast du den Herrn Jesus gebeten?«

Die Antwort der Kinder zeigt entweder die Entscheidung, die sie getroffen haben, oder die Unsicherheit, in der sie sich noch befinden.

Nun folgen andere Fragen, z. B.:

»Was hat der Herr Jesus jetzt für dich getan?«

»Wozu hat er dich gemacht?«

»Was hat er dir geschenkt?«

»Woher weißt du das?«

Durch das Aufschlagen einer oder mehrerer Bibelstellen lernen die Kinder, ihr Vertrauen auf Gottes Wort zu setzen. Z. B. Offenbarung 3, 20 oder Johannes 1, 12. Es wird gut sein, keine neue Bibelstelle zu lesen, weil das Kind dadurch verwirrt werden könnte.

Viele Kinder fassen es schnell. Es kann aber vorkommen, daß die Augen dunkel, traurig, fragend bleiben. Dann können andere Bibelstellen helfen, z. B.:

Jesaja 1, 18	1. Petrus 1, 18+19
Jesaja 43, 25	1. Johannes 3, 1
Jesaja 44, 22	1. Johannes 5, 11-13
Johannes 5, 24	Johannes 6, 37

Was muß ein Kind wissen, um sich entscheiden zu können?

Ein Junge kam eines Nachmittags vor der Stunde zu mir: »Als ich gestern heimging, war in mir noch alles traurig. Ich hatte wohl gebetet, aber es ist nichts geschehen. Da auf einmal, unterwegs, habe ich es gepackt.«

f) Beispiele für ein Gespräch nach verschiedenen biblischen Geschichten

Die Geschichte von der Arche Noah (1. Mose 5)
Lernspruch:

Johannes 10, 9: Ich bin die Tür; wenn jemand durch mich hineingeht, wird er selig werden und wird ein- und ausgehen und Weide finden.

Hauptthema: Jesus Christus die Tür.
Jesus anzunehmen heißt also nach den Worten dieser Lektion: durch die Tür zu gehen.
Gewißheit der Errettung bedeutet: Das Kind steht innen und ist sicher. Von jetzt an gehört es Jesus und gehorcht ihm. Ein grundlegender Wechsel hat stattgefunden: Vorher draußen, jetzt drinnen. In diesem Gespräch sollte möglichst nicht die Bibelstelle Offenbarung 3, 20 herangezogen werden, um das Kind nicht zu verwirren.

Die Geschichte vom Blindgeborenen (Johannes 9)
Lernspruch:

Johannes 8, 12: Ich bin das Licht der Welt, wer mir nachfolgt, der wird nicht wandeln in der Finsternis, sondern wird das Licht des Lebens haben.

Hauptthema: Jesus Christus das Licht.
Jesus annehmen heißt: Mit der Sünde, die alles verdunkelt, zu Jesus kommen und ihn bitten, die Augen aufzutun, die Sünde zu vergeben. Er ist das Licht.
Gewißheit der Errettung bedeutet: Das Kind lebt nicht mehr im Reich der Dunkelheit, weit weg von Gott, sondern im Reich des Lichtes. Es ist mit Jesus verbunden und soll das jetzt im täglichen Leben zeigen.

Die Geschichte von Nikodemus. Johannes 3
Lernspruch:

Johannes 3, 16: Also hat Gott die Welt geliebt, daß er seinen eingeborenen Sohn gab, auf daß alle, die an ihn glauben, nicht verloren werden, sondern das ewige Leben haben.

Hauptthema: Jesus Christus das Leben.

Jesus annehmen heißt: Neues Leben bekommen, ewiges Leben.

So wie die natürliche Geburt am Anfang des natürlichen, menschlichen Lebens steht, hat die Wiedergeburt das göttliche Leben zur Folge. Wer den Herrn Jesus annimmt, bekommt das ewige Leben.

Gewißheit der Errettung bedeutet: Das Kind gehört jetzt zu Gottes Familie und besitzt neues, ewiges Leben. Dieses Leben muß nun für andere sichtbar werden.

I. Praktische Vorschläge beim seelsorgerlichen Gespräch

1. Der Beginn des Gesprächs

Da Kinder sich nicht immer klar ausdrücken, ist es manchmal schwer herauszubekommen, was wirklich ihr Herz bewegt. Vielleicht erwarten sie, daß sie angesprochen werden. Viele Jungen und Mädchen quälen sich mit ihrer Schwierigkeit herum und können keinen Anfang finden. Da muß der Erwachsene helfen. Aber verschiedene junge Menschen meinten: »Ich weiß wohl, was ich dem Kind sagen möchte. Ich finde nur keinen Anfang.«

»Ich habe solche Hemmungen, wenn ich ein Kind fragen soll.«

»Wie kann ich denn wissen, ob das Kind es wirklich ernst meint?«

»Ich besitze keine Erfahrung. Wie soll ich es denn machen?«

Solche und ähnliche Probleme werden immer wieder durchgekämpft. Jede Situation, jedes Kind erfordert einen anderen Gesprächsbeginn. Vielleicht kommt ein Kind nach der Stunde auf den Lehrer zu, möchte beim Aufräumen helfen, geht sogar ein Stück mit und wartet dabei auf die Frage:

»Was hat dir heute an der Geschichte gut gefallen?« Oder:

»Wie ist es eigentlich mit dir?« Oder:

»Heute haben wir von einem gehört, der zu Jesus kam. Bist du auch schon zu Jesus gekommen?«

Oft erzählen auch die Kinder, und es gilt, durch ihre Erzählung das zu hören, was sie wirklich beschäftigt.

Genauso kommt es vor, daß ein Kind Sie wirklich nur nach Hause begleiten möchte und gar nicht an eine Entscheidung denkt. Dann kann es mit solch einer Frage nur in Verlegenheit gebracht oder abgestoßen werden. Versuchen Sie nie, Worte in den Mund des Kindes zu legen, die nicht aus seinem Herzen kommen. Druck oder Hast haben oft verhängnisvolle Folgen.

Manche Kinder dürfen nicht angesprochen werden, weil sie mitten im Kampf zur Entscheidung stehen. Sie müssen selbst den Anfang finden. Da heißt es: Warten und schweigen und erst zur rechten Zeit reden. Denn die Entscheidung eines Kindes, ganz gleich welcher Art, ist mit Takt und Achtung zu behandeln.

Die Erfahrung hat gezeigt, daß manchmal ein Kind, das in der Stunde gestört hatte, zu einem Gespräch zurückblieb. Es darf nicht mit der Bemerkung weggeschickt werden: »Benimm dich erst richtig! Dann kannst du wiederkommen.« Vielleicht war die Unruhe ein letztes Auflehnen gegen Gott. Auch Kinder können harte Kämpfe auszutragen haben.

Lassen Sie die Kinder nie spüren, daß Sie in irgendeiner Weise diejenigen lieber haben, die zur Entscheidung bereit sind. Die, die nicht gekommen sind, dürfen in keiner Weise Ihre Enttäuschung merken, es geht ja nicht um Sie, sondern allein um die Kinder.

2. Die Durchführung des Gespräches

Das Gespräch mit dem Kind muß in einem normalen, natürlichen Tonfall geführt werden. Und es ist gut, möglichst nur mit einem Kind zu sprechen, um auf seine Fragen richtig eingehen zu können. Sollten Sie jedoch allein sein und dann erleben, daß mehrere Kinder zurückbleiben, erklären Sie ihnen den Plan Gottes von Punkt a) bis c).

a) Der Tonfall

Danach können Sie fragen, wer sich entscheiden will. Manchmal melden sich alle Kinder, meistens nur einige. Ermuntern Sie die Kinder, in eigenen Worten den Herrn Jesus zu bitten, sie anzunehmen. Nach dem Gebet bitten Sie die Kinder, die sich entschieden haben, zurückzubleiben und sprechen mit ihnen über die Fragen der Heilsgewißheit. Die andern werden mit der freundlichen Bitte, über alles noch einmal nachzudenken, entlassen. Man lädt sie ein, wenn sie wollen, ein andermal wiederzukommen.

Für irgendwelche Gefühlsbetonung ist kein Platz. Es sollte immer ein gewisser äußerer Abstand zum Kind erhalten bleiben. Das Kind soll sich ja nicht zu einem Menschen bekehren, sondern zu Jesus Christus. Ein heller Raum – nichts geheimnisvoll Dunkles – und äußere Ruhe sind die besten Voraussetzungen. Ein Gespräch mit einem Kind ist kein Schauspiel für andere Kinder oder Erwachsene. Wenn das Kind gern die Mutti dabeihaben möchte, kann dieser Wunsch erfüllt werden. Alles, was das Kind rein äußerlich stören oder unruhig machen könnte, sollte man vermeiden.

b) Die Dauer

Da das Kind zur festgesetzten Zeit zu Hause erwartet wird, darf das Gespräch sich nicht zu lange hinziehen; sonst bekommt das Kind nachher durch Unruhe und Ärger der Eltern Schwierigkeiten, die sich auf sein Glaubensleben auswirken können.

c) Einzelaussprache oder Gruppe

Jedes Kind sollte eigentlich die Möglichkeit eines Gespräches unter vier Augen bekommen. Bleiben jedoch mehrere Kinder zurück, versuchen Sie nicht, selbst zu untersuchen, wer es ernst meint. Es zeigt sich oft, daß nicht alle, die zurückgeblieben waren, zu einer Entscheidung bereit sind. Deshalb brauchen die Kinder das Gespräch, sonst geschieht es, daß ein Kind durch Unkenntnis eine Formentscheidung trifft, die nicht hält, während ein anderes Kind, das von Hause aus in der »Sprache Kanaans« nicht bewandert ist und sich nicht ausdrücken kann, im Herzen bereit ist, vielleicht zurückgeschickt wird.

d) Die Augen der Kinder

Während die einzelnen Punkte durchgesprochen werden, beobachten Sie die Augen der Kinder. Stellen Sie viele kurze Fragen, die den Kindern Gelegenheit geben, sich auszudrücken, damit Sie soweit wie möglich verstehen, was das Kind möchte.

e) Die Besonderheit der Entscheidung

Die Kinder müssen den Unterschied zwischen ihrem gewöhnlichen Gebet und diesem Schritt verstehen. Sie müssen sehen, welche Folgen diese Entscheidung für ihr praktisches Leben hat.

f) Das Gebet des Kindes

Unter Umständen ist es besser, das Wort »Gebet« zu vermeiden, weil sich für viele Kinder mit diesem Ausdruck etwas Langweiliges, Langes, Unverständliches verbindet. Wie ein Junge einmal sagte:

> »Das Schönste am Gebet ist das Amen. Dann ist es wenigstens zu Ende.«

Für viele Kinder ist es das erste Mal, daß sie mit eigenen Worten laut beten. Sie haben Angst und wissen nicht recht, was sie sagen sollen. Verschiedene Fragen helfen dabei, z. B.: »Was möchtest du jetzt vom Herrn Jesus?« Die Kinder werden verschiedene Antworten geben.

»Kannst du dem Herrn Jesus das nicht selbst so sagen?« Wie oft haben Kinder erstaunt zurückgefragt:

»So einfach ist das?«

Es ist meistens nicht gut, dem Kind das Gebet vorzusprechen, weil es dann gedankenlos nachplappert. Natürlich gibt es da Ausnahmen.

Wenn das Kind irgendeinen Vers gebetet hat, fragen Sie es offen: »Hast du jetzt den Herrn Jesus aufgenommen?« Mit kaum einer Ausnahme wird es ehrlich sagen: »Nein.«

»Möchtest du es tun?« Auf die bejahende Antwort des Kindes hin können Sie helfend eingreifen.

Bleiben mehrere Kinder zurück und es entstehen beim Gebet Pausen, so dürfen sie nicht zu lang werden. Vielleicht muß das Gebet noch einmal erklärt werden, oder man sollte mit jedem Kind einzeln beten. Es kann aber auch vorkommen, daß die Kinder zum Gebet und zur Entscheidung noch nicht ganz bereit sind.

In einer Stadt blieben einige 12 - 13jährige Mädchen zurück. Sie schienen aufgeschlossen zu sein und hörten aufmerksam zu. Aber keine von ihnen betete, so daß die Nachversammlung schließlich abgebrochen werden mußte. Tagelang kämpften die Mädchen mit sich. Endlich am letzten Tage kamen sie noch einmal. Nach manchem inneren Kampf brachen sie dann zum Glauben durch.

Es kann auch vorkommen, daß ein Kind vor Aufregung nicht in der Lage ist, ein lautes Gebet zu sprechen. Geben Sie ihm Gelegenheit, während einer kurzen Stille dem Heiland alles zu sagen, was es auf dem Herzen hat.

»Als ich bei dir im Zelt war, konnte ich einfach kein Wort herausbringen«, schrieb Jutta. »Mein Hals war zu. Aber ich habe es doch getan und freue mich, daß ich nun dem Herrn Jesus gehöre.«

Nach dem Gebet sollte ein kurzes Wort über Heilsgewißheit folgen, an das sich der persönliche Dank des Kindes anschließen kann. Meistens können Kinder, die vorher große Schwie-

g) Ein kurzes Wort nach dem Gebet

rigkeiten beim Beten hatten, voller Freude danken. Kurz sollte noch die Frage der Sünde erwähnt werden. Viele Kinder glauben, wenn sie eine neue Sünde begehen, sei alles so wie vorher. Es gilt, ihnen zu zeigen: Gott übersieht keine Sünde, aber er vergibt sie um Jesu willen, wenn wir sie ihm sagen. Im nächsten Kapitel wird dieser Punkt ausführlicher behandelt.

Es ist gut, dem Kind Mut zu machen, den Herrn Jesus zu bekennen. Für viele Kinder ist es natürlich, andere aber haben Angst vor den Folgen. Wenn das Bekenntnis nicht sofort geschieht, wird es schwerer. Manchmal gibt es einen harten Kampf. So bei Dieter. In den ersten Tagen versäumte er, zu Hause zu erzählen, was der Herr Jesus für ihn getan hatte. Er war unglücklich, und immer, wenn er sich gerade durchgerungen hatte, schellte das Telefon oder jemand anderes kam ins Zimmer. Monate später schrieb er mir, daß er sich so über die Heilsgewißheit freue; aber den Eltern hatte er es noch immer nicht gesagt!

h) Warum verlangt manches Kind erneut nach einem seelsorgerlichen Gespräch?

aa) »Es war so schön.«

bb) Die Entscheidung war nicht echt.

cc) Die Gewißheit fehlt.

Es kommt vor, daß ein Kind nach einer der nächsten Stunden wieder zurückbleibt. Das kann verschiedene Gründe haben: Das Erlebnis war so gewaltig für das Kind, daß es am liebsten noch einmal dasselbe erleben möchte. Es muß dann verstehen lernen, daß dieser Augenblick einmalig ist. Jetzt kann es täglich besser lernen, in der Gemeinschaft mit dem Herrn Jesus zu leben.

Dann ist es notwendig, in ganzer Ruhe und Geduld noch einmal alles durchzusprechen, bevor das Kind mit dem Herrn Jesus in Verbindung tritt.

Vergewissern Sie sich durch Fragen, ob das Kind sich wirklich entschieden hat. Dann besprechen Sie mit ihm, wie oben bereits besprochen, verschiedene Stellen aus der Schrift.

Das Kind möchte es noch einmal hören, damit es sicherer wird. Nach sorgfältigem Erklären, vielleicht anhand von anderen Bibelstellen, führen Sie das Kind zum Danken.

Es hat einen Freund oder eine Freundin mitgebracht, die nicht wagen, allein zu kommen.

Das Kind kann dabeibleiben, wenn es durch seine Gegenwart dem Freund hilft.

Bestimmt bleiben noch manche Fragen offen. Dieses Kapitel hatte lediglich die Aufgabe, in groben Zügen zu zeigen, wie ein Kind zu Jesus Christus geführt werden kann. Niemals darf

76

vergessen werden, daß der Mensch nur Hilfe bietet. Die Rettung kommt vom Herrn! Wenn die Praxis zeigt, daß es sich bei jenem Jungen oder diesem Mädchen einmal ganz anders vollzieht, heißt es: Zurücktreten, den Herrn Jesus wirken lassen und lernen. Der Erwachsene darf im Vertrauen auf die Rettermacht Jesu für das Kind beten und zur Seite treten, damit es auf seine Art zum Heiland der Kinder kommen kann.

IV. Die Nacharbeit

In einer süddeutschen Stadt verabschiedete sich eine Dame mit den Worten:

»Ich freue mich sehr über alles, was in diesen 14 Tagen unter den Kindern geschehen ist. Einige von meinen waren auch dabei. Aber«, und dabei verschränkte sie ihre Arme überlegend, »nun wollen wir mal abwarten, was daraus wird.«

»Wie viele Kinder haben Sie?« fragte ich.

»Oh, fünf.«

»Und wie sind sie großgeworden?« Sie zuckte fragend die Schultern:

»Na, gewachsen!«

»Ganz von selbst?«

»Wie meinen Sie das?«

»Als Sie Ihre Kinder bekamen, herrschte jedesmal große Freude.«

»Das will ich meinen!«

»Haben Sie das Kind gewickelt, auf den Tisch gelegt und gesagt: Ich freue mich riesig, daß du da bist. Nun wollen wir einmal sehen, was aus dir wird. – Und sind Sie dann fortgegangen?«

Nun verstand sie, was gemeint war und errötete ein wenig:

»Nein, da fing es doch erst an!«

Der bekannte Erweckungsprediger C. H. Spurgeon sagte: »Ich habe jährlich 30 bis 40 Kinder in die Gemeinde aufgenommen. Einige Erwachsene mußte ich während der Zeit ausschließen. Aber ich habe kein Kind gefunden, das ich früh aufnahm und später ausschließen mußte.«

A. Was ist Nacharbeit?

Nach der Entscheidung beginnt die unermüdliche Pflege, Ernährung und Erziehung. Leben ist entstanden. Es muß sich entwickeln. Die Geburt ist im Verhältnis zum weiteren Leben sehr kurz. Also setzt die eigentliche Arbeit jetzt ein. Ein neugeborenes Kind braucht die Hilfe der anderen. Bis es im

Leben auf eigenen Füßen stehen kann, ist viel Zeit, Mühe und Geld erforderlich.

Das geistlich neugeborene Kind braucht auch Pflege, Liebe, Nahrung und Erziehung. Es soll zum »vollen Wuchs des Menschen Gottes heranwachsen«, wie die Bibel sagt (Epheser 4, 13). Denn so wie ein Säugling bei aller Hilflosigkeit doch die ganze Veranlagung besitzt, die er als vollständig ausgewachsener Mensch braucht, so ist es auch bei einem neugeborenen Gotteskind. Es ist nur hilflos, und das natürlich besonders dann, wenn es auch im natürlichen Leben noch ein Kind ist.

Es gilt zunächst, dieses junge Gotteskind als einen »neuen Menschen«, wie die Bibel es in 2. Korinther 5, 17 bezeichnet, anzuerkennen. Vor Gottes Augen eine neue Kreatur und vor den Augen der Menschen immer noch ein Kind – in seiner Art und Unart. Es ist nicht durch ein Wunder ein »kleiner Erwachsener« geworden, der immer gehorcht, sofort die Schularbeiten macht, sich nicht mehr mit den Geschwistern streitet, freiwillig hilft und im Haushalt umsichtig arbeitet! Und dennoch ist vor Gottes Augen die große Änderung eingetreten.

1. Das Anerkennen des gläubigen Kindes.

Nach der Entscheidung muß sich im kindlichen Leben eine Änderung zeigen. Das ist natürlich nach Temperament und Art der Kinder verschieden. Deshalb gilt es, ihr Leben sorgfältig zu beobachten. Dabei sollte sich wenigstens eine der nachfolgend aufgezählten Eigenschaften erkennen lassen:

2. Beobachten der Kinder im Alltag.

Eifer, andere Kinder zur Sonntagsschule einzuladen, damit auch sie vom Herrn Jesus hören.

Verlangen, die Bibel zu lesen.

Beginn eines Gebetslebens.

Bemühen, gehorsam zu sein und sich nicht soviel mit den Geschwistern zu zanken.

Freudigkeit zum Bekennen.

Wenn im Laufe von Wochen kein Unterschied zu seinem früheren Leben zu bemerken ist, muß mit dem Kind gesprochen werden. Doch nicht in der Art:

»Sag mal, bist du eigentlich errettet? Ich merke ja gar nichts davon!« Sondern etwa so:

»Was für eine Entscheidung hast du vor einigen Wochen getroffen? Hast du Freude gehabt? Wem gehörst du jetzt? Möchtest du nicht dem Herrn Jesus auch Freude bereiten? Dann...«

Das Kind muß erkennen, was der Heiland erwartet. Bei jedem

Gespräch ist wichtig, es positiv anzufassen, damit das Kind Mut bekommt.

3. Kennenlernen der Heiligen Schrift ist Voraussetzung zum Gehorsam.

Das geistliche Wachstum der Kinder ist unterschiedlich und richtet sich nach ihrer Kenntnis der Schrift.

»Wir haben nicht empfangen den Geist der Welt, sondern den Geist aus Gott, daß wir erkennen können, was uns von Gott gegeben ist.« 1. Korinther 2, 12. Dann erst können auch wir in rechter Weise danach leben.

Nach Schluß einer Kinderwoche gingen wir gemeinsam nach Hause. Plötzlich meinte der große Christian:

»Tante Ruth, diese Woche werde ich nicht vergessen.« Er erzählte mancherlei, dann stockte er und sagte nachdenklich: »Weißt du, was das Schönste daran ist?« Gespannt blickte ich zu ihm hinüber. Was mochte wohl das Schönste für einen 13jährigen Jungen gewesen sein?

»Daß ich noch so jung bin und das schon weiß!« Können Erwachsene diese Freude wirklich verstehen: So jung – und weiß das schon?!

Die Heilige Schrift spricht von Wachstum, Vorwärtsgehen, Weiterkommen. Das ist Gottes Werk, und doch ist die Mitarbeit des Erwachsenen und des Kindes erforderlich.

a) Gottes Werk

Die Bibel sagt in Philipper 1, 6: »...und ich bin darin guter Zuversicht, daß der in euch angefangen hat das gute Werk, der wird's auch vollenden bis an den Tag Christi Jesu.« Und in Epheser 2, 10: »Denn wir sind sein Werk, geschaffen in Christus Jesus zu guten Werken, die Gott zuvor bereitet hat, daß wir darin wandeln sollen.«

Wunderbare Gewißheit: Gott hat diese Verheißung gegeben! Niemand kann aus eigener Kraft ans Ziel kommen. Schon gar kein Kind, das in vielen Dingen noch so abhängig ist. Wenn es oft so scheint, als wenn Kinder nicht durchhalten, weil sie ihr eigenes Leben führen wollen, so hat Gott Mittel und Wege genug, sie zurückzurufen.

Es war am Ende einer Evangelisationsstunde. Die Menschen strömten heraus. Da ertönte plötzlich ein Kinderruf:

»Meiner Mutti ist schlecht. Bitte Wasser!« Menschen werden unruhig. Aber schon war der Evangelist da, sah mit einem Blick, um was es ging, und sagte ruhig:

»Bitte, Sie können jetzt gehen, es ist alles in Ordnung.« Die Frau saß, als ob sie angenagelt wäre. Dann brach sie in Tränen aus. Der Herzanfall, den sie nie vorher gehabt hatte, war vorüber, und sie gab zu:

»Als Kind hatte ich mich für Jesus entschieden. Aber später wurde ich ihm ungehorsam und habe viel Schuld in meinem Leben aufgehäuft. Ich wußte, daß ich heute abend zurückbleiben sollte. Aber ich wollte nicht. Da hat Gott diesen Anfall geschickt, damit ich einfach nicht weggehen konnte.« Es kam zur Beugung und Umkehr. Und sie durfte an den folgenden Tagen erleben, wie noch weitere Glieder ihrer Familie zu einer Entscheidung für Jesus kamen.

Paulus schreibt: »Denn nun sind wir wieder lebendig, wenn ihr feststeht im Herrn.« 1. Thessalonicher 3, 8. Es ist nicht damit getan, daß ein junger Mensch dem Herrn Jesus gehorsam geworden ist. Er muß lernen, »im Herrn zu bleiben«! Ist das zu viel Verantwortung, zu schwer? Gottes Wort erinnert:

b) Die Mitarbeit des Menschen

»Darum meine lieben Brüder, seid fest, unerschütterlich, und nehmt immer zu in dem Werk des Herrn, weil ihr wißt, daß eure Arbeit nicht vergeblich ist in dem Herrn.« 1. Korinther 15, 58.

Die Schnelligkeit des körperlichen Wachstums kann im allgemeinen nicht durch äußere Dinge beeinflußt werden. Sie richtet sich nach den Erbanlagen. Im geistlichen Wachstum ist das völlig anders. Manche, die erst zwei Jahre gläubig sind, zeigen die Eigenschaften des neuen Menschen viel deutlicher als andere, die vielleicht schon zehn oder fünfzehn Jahre auf dem neuen Wege leben. Manche Kinder kommen in ihrer Abhängigkeit und ihrem Gehorsam dem Herrn Jesus gegenüber schneller vorwärts als Erwachsene. Hat uns hier nicht das Wort aus Galater 6, 7-8 viel zu sagen?

c) Die Mitarbeit des Kindes

»Irret euch nicht, Gott läßt sich nicht spotten. Denn was der Mensch sät, das wird er ernten. Wer auf das Fleisch sät, der wird vom Fleisch das Verderben ernten. Wer aber auf den Geist sät, der wird von dem Geist das ewige Leben ernten.«

Wenn Kinder durch systematischen Unterricht früh lernen, »auf den Geist zu säen«, welch herrliche Ernte bedeutet das für sie!

Deshalb müssen Jungen und Mädchen am Anfang ihres Glaubenslebens schon lernen, was es heißt, dem Herrn Jesus ganz zu gehören, täglich zu tun, was er will. Es gibt nach der Schrift keinen Unterschied zwischen einem gläubigen jungen Menschen, einem Erwachsenen und einem Kind. Die Aus-

wirkungen des Gehorsams sind zwar in den einzelnen Altersgruppen unterschiedlich, aber nicht die Tatsache des Ja oder Nein. In Kolosser 3, 17 schreibt Paulus: »Und alles, was ihr tut mit Worten oder mit Werken, das tut alles in dem Namen des Herrn Jesus und dankt Gott, dem Vater durch ihn.«
Als dieser Vers einmal in einer Gruppe von Kindern besprochen wurde, rief ein 12jähriges Mädchen erschrocken dazwischen:
»Dann muß ich beim Putzen auch die Ecken saubermachen!«
Und eine andere fragte nachher:
»Kann ich auch Puppenkleider für Jesus nähen? Sieht er das? Mein Schwesterchen will immer welche haben. Wenn ich das für Jesus tue, wird es leichter.«
Nun gibt es Kinder, denen durch besondere Umstände niemand nachgehen kann, weder schriftlich noch durch Besuche. Dann dürfen sie in ganzem Vertrauen der Fürbitte dem Herrn Jesus überlassen werden. Gott hält sein Wort.

B. Was ist das Ziel der Nacharbeit?

Drei Bibelstellen machen es deutlich:
»Den verkündigen wir und ermahnen alle Menschen und lehren alle Menschen in aller Weisheit, *damit wir einen jeden Menschen in Christus vollkommen machen.*« Kolosser 1, 28.
»Meine lieben Kinder, die ich abermals unter Wehen gebäre, *bis Christus in euch eine Gestalt gewinne!*« Galater 4, 19.
Die Kette geht weiter. Es ist nicht damit getan, das einzelne Kind gut zu lehren, sondern dieses soll zu seiner Zeit imstande sein, wieder anderen zu helfen.
»Und was du von mir gehört hast vor vielen Zeugen, das befiehl treuen Menschen an, die tüchtig sind, auch andere zu lehren.« 2. Timotheus 2, 2.

C. Wie ist dieses Ziel zu erreichen?

Durch Lehren, Gebet und Liebe. Das Kind soll hören, aber zur selben Zeit auch sehen, denn Lehre und Leben des Lehrers gehören zusammen, wenn die Lehre Eindruck machen soll.

Gottes Wahrheit wird geordnet und den Kindern in so einfacher Form dargeboten, daß sie sie auf ihr Leben anwenden können. Die Wahrheit Gottes darf dabei unter keinen Umständen vereinfacht oder verkürzt werden, sondern muß nur in solcher Art dargestellt werden, daß die Kinder sie verstehen.

1. Was bedeutet »Lehren«?

Sollte ein Kind wirklich in die Lehre des Neuen Testamentes eingeführt werden?

Vielleicht sollte die Frage anders heißen: Warum sollte ein Kind *nicht* in Wahrheit und Lehre des Neuen Testamentes eingeführt werden? Ist es zu schwer?

2. Ist die Lehre des Neuen Testaments für ein Kind nicht zu schwer?

Manches wird ein Kind noch nicht verstehen, darum braucht es einen Lehrer, aber es kann soviel erfassen, wie es zum rechten Wandel braucht. Und durch das Tun wird es wachsen und mehr verstehen lernen.

Es ist nicht möglich, sofort alles zu sagen. Der Lehrplan zieht sich über Jahre hin. Durch biblische Geschichten, Bibelarbeit und praktische Beispiele aus dem Leben wird die Wahrheit des Wortes Gottes erläutert und verständlich gemacht. Im wesentlichen geht es dabei zunächst um folgendes:

3. Wann soll gelehrt werden?

»Meinst du wirklich, daß Ingrid ein Gotteskind ist?« kommt eine Mutter ziemlich ärgerlich nach einer Bibelstunde zu mir. »Ich habe ihr jedenfalls heute mittag gesagt: Ich glaube nicht, daß du dich für den Herrn Jesus entschieden hast. Sonst würdest du mit Freude abtrocknen. Statt dessen ziehst du mir wieder eine Schnute.« Herausfordernd sieht sie mich an.

a) Heils- gewißheit

»Du mußt doch selbst sagen, das paßt nicht zusammen. So etwas halbes ist nichts!«

»Nein, das ist gewiß nicht richtig. Aber ich kann nicht sagen, ob Ingrid dem Herrn Jesus gehört. Das muß sie selbst wissen.«

»Sie behauptet es immer wieder, und sie hat mit dir gesprochen!«

Ich schaue die Mutter an: »Sollten wir nicht deiner Tochter helfen, daß sie gehorchen lernt? – Wie lange bist du jetzt auf dem neuen Weg?« Sie überlegte einen Augenblick.

»So ungefähr fünf Jahre.«

»Hast du dich nie geärgert oder aufgeregt?« Stille. Endlich sagt sie leise:

»Doch, ich habe nicht immer alles richtig und gern machen können.«

Noch eine Pause tritt ein, ehe sie fortfährt:

»Ich sehe jetzt, daß ich von meiner Tochter mehr verlangt habe als von mir.« ...

»Also, mein Junge hat es doch noch nicht richtig erfaßt. Stellen Sie sich vor«, erzählt mir ein Vater, »Manfred hat schon immer mit seinem aufbrausenden Temperament zu tun gehabt. Und gestern in der Schule hat ihm etwas, was der Lehrer sagte, nicht gepaßt. Da nahm er in seinem Zorn sein Rechenbuch und riß es mittendurch.«

Durch solche und ähnliche Redensarten von Erwachsenen werden gläubige Kinder in Gewissenskonflikte gestürzt. Sie, die »glauben«, werden »zum Abfall verführt«, wie der Herr Jesus in Matthäus 18, 6 sagt.

Besteht wirklich ein Unterschied zwischen dem Zorn eines Kindes, der sich nach außen zeigt, und dem Zorn eines Erwachsenen, der ihn zwar vor Menschen vergräbt, aber in seinem Herzen behält? – Natürlich ist Manfreds Verhalten nicht richtig. Das Kind muß lernen, sich in diesem neuen Leben zu bewegen und zu benehmen.

Kinder merken schnell, wo sie versagen, werden leicht mutlos und zweifeln an ihrer Heilsgewißheit. Oft verstehen sie dieses Wort gar nicht. Wie Elke schrieb:

»Kannst du mit bitte sagen, wie ich Heilsgewißheit bekomme? Ich weiß nur, daß ich ein Gotteskind bin, weil ich den Heiland aufgenommen habe.« Welche Hilflosigkeit klingt doch aus dieser Frage! Es ist einfach notwendig, den Kindern vom Worte Gottes her zu zeigen, woher die Gewißheit kommt und wie sie bleibt. Kinder haben ja nicht nur mit ihren eigenen Zweifeln zu kämpfen, sondern sind oft wehrlos der Kritik der Erwachsenen ausgeliefert. Viele Jungen und Mädchen haben gefragt oder geschrieben:

»Bin ich eigentlich noch ein Gotteskind? Meine Mutti sagt, das kann nicht sein, weil ich zwischendurch immer wieder frech bin. Und außerdem könne das keiner wissen.« Es ist keine Vermessenheit, sich auf Gottes Wort zu verlassen und Gottes Aussagen für sich selbst in Anspruch zu nehmen! Aus der Fülle seien hier nur einige Stellen herausgegriffen:

1. Johannes 5, 11-13: »Ich habe euch geschrieben... auf daß ihr wißt (nicht hofft und fühlt), daß ihr das ewige Leben habt.«

Wie ist dieses Ziel zu erreichen?

Johannes 5, 24: »... ist vom Tod zum Leben
hindurchgegangen.« (Geschehene
Tatsache.)

1. Johannes 3, 2: »Wir sind nun Gottes Kinder.« (Jetzt,
heute.)

Johannes 3, 36: »... der hat das ewige Leben«
(In der Gegenwart.)

Wenn das Kind immer wieder neu die göttliche Zusicherung der
Errettung für sich in Anspruch nimmt, wird es auch anders leben
lernen!

So wie der normale Säugling sein tägliches Bad braucht, hat
das Gotteskind eine tägliche, mehrmalige Reinigung nötig.
Kinder glauben oft, wenn sie eine Sünde getan hätten, gehörten sie nicht mehr dem Herrn Jesus. Sie müssen lernen, ihre
Stellung zu Jesus Christus und ihre Stellung zur Sünde zu erkennen.

b) Reinigung -
Sünden-
vergebung

»Meine Freundin Irmgard sagt«, schreibt Hanna, »Wenn du
jetzt eine Sünde tust, nachdem du den Heiland angenommen
hast, ist es viel schlimmer, als wenn ich eine tue. Ich gehöre ja
dem Herrn Jesus nicht. – Ist das wirklich so?« Welch feines
Empfinden die Kinder haben! Sie wissen: Sünde und Gotteskindschaft passen nicht zusammen.

»Sieh hier, mein Junge«, mit schnellen Strichen zeichnete der
Vater seinem Otto einen großen Kreis auf ein Stück Papier.

aa) Sünde zer-
stört die
Gemeinschaft.

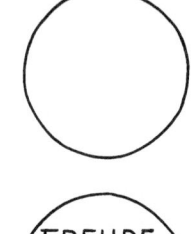

»Dieser Kreis bedeutet: Gemeinschaft mit dem Herrn Jesus
haben. Wenn nichts zwischen ihm und dir ist, freust du dich,
kannst mit ihm sprechen, gehörst zu ihm und weißt: Er hört,
was du sagst. Gemeinschaft heißt ganz einfach: Zusammensein. Du bist mit uns, mit Mutti und mir so zusammen. Nur
neulich, als du Mutti durch deinen häßlichen Ungehorsam
weh getan hattest, konnten wir uns alle nicht freuen.«

»Bis ich Mutti um Entschuldigung gebeten hatte«, fiel Otto ein.

»Ja, und dann waren wir wieder zusammen. Wir hatten Gemeinschaft«, bestätigte der Vater. »Deshalb schreibe ich jetzt in
den Kreis: Freude, Friede, Singen. All diese schönen Dinge sind
da, wenn wir wissen: Zwischen dem Herrn Jesus und uns steht
nichts. Der Heiland will uns in dieser Gemeinschaft behalten.
Aber du hast schon gemerkt, daß man herausfallen kann.« Otto

FREUDE
FRIEDEN
SINGEN

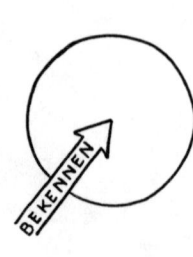

nickte. Es stand vor seinen Augen, wie er in der letzten Woche seinen Freund belogen hatte und alle Freude aus seinem Herzen verschwunden war. Keine Gemeinschaft! Er wußte da nur noch nicht, woran es lag.

Der Vater zeichnete weiter.

»Schon durch eine einzige Sünde kommen wir aus dieser Gemeinschaft heraus. Das ist gerade wie eine Tür. Wenn wir zurückwollen, müssen wir dieselbe Tür benutzen. Das heißt: Wir müssen zuerst den Herrn Jesus für diese Sünde, die wir beim Namen nennen, um Vergebung bitten. Die Bibel sagt: Er wird vergeben, weil er treu und gerecht ist. Aber wenn wir gegen einen Menschen etwas Böses getan haben, müssen wir auch noch zu diesem gehen. Verstehst du das?«

Otto nickte.

»Aber das ist schwer, Vater.«

»Das ist es auch, doch es gibt keinen anderen Weg.«

Tage vergingen. Alles ging gut, bis eines Abends, als der Vater vom Büro zurückkam, kein Otto ihm entgegensprang. Suchend ging er durchs Haus, als ihm von der Bodentreppe her unterdrücktes Schluchzen entgegenklang. Mit wenigen Schritten stand er neben seinem Sohn, der den zerknitterten Zettel in der Hand hielt.

»Was ist passiert?«

»Ich bin durch eine Tür herausgefallen«

»Durch welche?«

»Ich glaube, ich war frech.«

»Zu wem?«

»Zu Silke. Ich habe es dem Herrn Jesus schon gesagt. Aber es nützt nichts. Und zu Silke mag ich nicht gehen. Dann freut sie sich, daß ich mich entschuldigen muß. Ich bin doch schließlich ein Junge!«

»Ja, du bist ein Junge. Glaubst du, daß ein Junge sich nicht bei einem Mädchen entschuldigen muß?«

»Aber Papa, das ist zu schwer.«

»Komm, Otto, wir wollen zuerst beten. Und wenn du wirklich wieder zurückwillst in die Gemeinschaft mit dem Herrn Jesus, dann geh und sag es Silke sofort.« Otto rutschte hin und her. In seinem Herzen war er bereit, aber die Tat selbst schien für ihn zu schwer zu sein. Nach dem Gebet zog der Vater ihn mit sich hoch. »So, mein Junge, nun sei tapfer und geh.«

Kurze Zeit später beim Abendbrot brauchte er nicht mehr zu fragen. Die glückstrahlenden Gesichter seiner beiden Kinder sagten ihm genug.

So muß das Kind verstehen lernen, daß Sünde die *Gemeinschaft* mit Jesus zerstört, nicht die Gotteskindschaft. 1. Johannes 1, 9. Durch Bekenntnis und Vergebung wird die Gemeinschaft wiederhergestellt. Kinder empfinden zerrissene Gemeinschaft sehr deutlich und sind bereit, den schweren Weg zu gehen, der sie wieder zurückbringt.

Es können verschiedene Sünden auf die Pfeile geschrieben werden, die dem Kind klarer machen, daß die Sünde beim Namen genannt werden muß, z. B. Ungehorsam, freche Worte, mogeln, ärgern, feige sein, stehlen, faul sein, nicht helfen, alles haben wollen, neidisch sein.

Wie stark Kinder empfinden, daß sie Unrecht in Ordnung zu bringen haben, zeigt folgendes Erlebnis:

Zwei Mädchen stehen vor mir:

»Müssen wir auch richtig machen, was wir vorher auf dem breiten Weg falsch gemacht haben?«

»Was ist das denn?«

»Das sagen wir nicht. Sag nur, ob wir gehen sollen, oder gilt das Bekennen nur für das Böse, das wir nach unserer Entscheidung getan haben?«

»Wenn ihr unruhig werdet über irgend etwas, was ihr vorher falsch gemacht habt, dann kommt das von Gott, und wenn ihr frei und fröhlich werden wollt, geht und bringt es in Ordnung.«

Die beiden schauen sich an, zögern. Dann zieht Heidi ihre Freundin mit sich: »Komm.«

Zwei, drei Tage vergehen. Ich bin gerade unterwegs, da sehen mich die beiden und rennen gleich über die Straße. Die Gesichter strahlen.

»Wir haben es gemacht!«

»Was denn?« Im ersten Augenblick dachte ich nicht mehr an unser Gespräch.

»Wir sind bei unserem Lehrer gewesen. Vor den großen Ferien hatten wir ihn belogen, und wir konnten das einfach nicht vergessen. Jetzt haben wir es ihm gesagt und um Entschuldigung gebeten.«

»Aber das war schwer«, fiel Annelore ein. »Mein Herz war so schwer, daß ich an seiner Haustür erst gar nicht schellen konnte. Doch jetzt ist alles gut. Ich könnte einen richtigen Luftsprung machen.«

»Was hat denn der Lehrer gesagt?«

»Das ist mir noch nie vorgekommen, daß sich welche freiwillig entschuldigen. Warum tut ihr das?«

»Und was habt ihr gesagt?«

»Wir gehören jetzt dem Herrn Jesus und möchten ihm gehorchen.«

»Er hat überhaupt nicht geschimpft«, fügt Heidi noch hinzu.

Eine Entschuldigung wird nicht immer so ausfallen. Manchmal zieht sie eine harte Strafe nach sich. Trotzdem ist es der biblische Weg, alles in Ordnung zu bringen, um wirklich frei zu werden.

bb) Der Herr Jesus gibt Sieg über die Sünde. Diese Wahrheit müssen Kinder früh hören und sie in ihrem Leben erfahren. Sie kennen Fehltritte, Mißlingen, vergebliche Anstrengungen. Manche schreiben:

»Wenn mir der Herr Jesus erst nachher hilft, warum tut er es nicht vorher?« Oder:

»Muß das immer so bleiben? Ich strenge mich so an, aber es hat sich nichts geändert.«

Sie dürfen die Wahrheit kennenlernen: Jesus Christus gibt den Sieg! 1. Korinther 15, 57. Es geht nicht um eigenes Können, sondern um das Vertrauen zu Jesus Christus im Alltag.

Diese Wahrheit ist nicht zu schwer. Da spielt ein Mädchen im Sommer im Sandkasten. Plötzlich läuft es zur Mutter:

»Wer ist eigentlich stärker, der Teufel oder ich?«

»Der Teufel.«

»Und wer ist stärker, der Teufel oder der Heiland?«

»Der Herr Jesus.«

»Immer?«

»Immer, mein Kind.«

Die Kleine überlegt einen Augenblick, bis sie plötzlich aufstrahlt:

»Dann verlasse ich mich auf den Herrn Jesus.«

Von der Bibel her müssen die Kinder begreifen, wie sie sich in ihrem Leben auf den Herrn Jesus verlassen können. Man kann ihnen die Frage stellen:

»Wem gehörst du?« Oft lautet die erste Antwort:

88

»Vater und Mutter.« Für das Kind ist es nicht schwer, jemandem zu gehören. Es muß verstehen lernen, was Erlösung, was Loskauf bedeutet: Ich gehöre nicht mehr mir selbst. Ich kann nicht tun, was ich will, denn ich gehöre dem Herrn Jesus. Er hat den hohen Kaufpreis bezahlt.

»...denn ihr wißt, daß ihr nicht mit vergänglichem Silber oder Gold erlöst seid von eurem nichtigen Wandel nach der Väter Weise, sondern mit dem teuren Blut Christi, als eines unschuldigen und unbefleckten Lammes.« 1. Petrus 1, 18-19. Also kann niemand über sich selbst bestimmen. Deshalb heißt es: Vorsichtig leben, weil man mit Dingen, die einem nicht gehören, viel sorgfältiger umgeht.

Als nächstes werden ihre Augen auf die wunderbare Tatsache gelenkt: Der Herr Jesus nahm mit seinem Leben Wohnung in meinem Leben.

»Denen Gott kundtun wollte, was der herrliche Reichtum dieses Geheimnisses unter den Heiden ist, nämlich Christus in euch, die Hoffnung der Herrlichkeit.« Kolosser 1,27.

Das Kind wird sich mit schwierigen Dingen, z. B. sich ärgern, schnell unehrlich oder ungehorsam sein, an seinen Herrn wenden, der in ihm lebt. In der Gemeinschaft mit ihm mogelt es nicht und wird sein Bestes tun, fleißig und ehrlich zu arbeiten. Das erfordert aber die Bereitschaft des Herzens, auf ihn zu hören und ihm mit ganzer Kraft zu gehorchen.

In den letzten Tagen einer Jugendfreizeit wurde Uwe immer stiller. Vorher hatte er sich so gefreut, weil auch er endlich wußte: Der Herr Jesus ist mein Heiland. Seine Traurigkeit fiel dem Leiter auf. Bei einem Spaziergang fragte er:

»Sag mal, Uwe, warum bist du so bedrückt? Stimmt etwas nicht?«

»Doch es stimmt alles. Aber wenn ich daran denke, daß wir morgen nach Hause fahren, weiß ich jetzt schon: Es hat keinen Zweck, daß ich überhaupt versuche, zu Hause den Herrn Jesus zu bekennen. Ich halte doch nicht durch. Ich bin ganz allein. Alle werden lachen.« Der junge Mann dachte einen Augenblick nach. Dann hatte er eine Idee.

»Sag mal, Uwe, wenn ich mit dir zusammen nach Hause fahren und bei dir bleiben könnte, wie wäre es dann?« Weggeblasen war Uwes Kummer. Doch nur für einen Augenblick. »Das geht ja doch nicht!«

»Nein, das geht auch nicht. Ich muß zurück an meine Arbeit und du zu deinen Eltern. Aber ich kenne einen, der wirklich mit dir geht, der nicht nur neben dir steht, sondern in dir wohnt und in dir bleibt. Und der kann dir viel besser helfen. Sieh mal hier.« Schon sah Uwe eine offene Bibel vor sich.

»Hier, lies mal.« Stockend begann er:

»Ich lebe, doch nun nicht ich, sondern Christus lebt in mir. Denn was ich jetzt lebe im Fleisch, das lebe ich in dem Glauben an den Sohn Gottes, der mich geliebt hat und sich selbst für mich dahingegeben.« Galater 2, 20. Fragend blickte er auf. »Sieh, Uwe, der Herr Jesus hilft dir, daß es nie zu schwer wird. Denke daran: Er lebt in dir.« – Ein langes Gespräch entwickelte sich, bis der Junge begriff: Der Herr Jesus hat mich nicht nur errettet, sondern ist jetzt und immer, im Kampf und im Alleinsein, bei mir. Zagend zuerst, dann stärker, bricht eine neue, tiefere Freude bei ihm durch. Und er hat es in den folgenden Tagen und Monaten erlebt, wie der Herr Jesus einem Jungen beisteht, der als einziger im Elternhaus ihm gehört.

cc) Der Gehorsam dem Herrn Jesus gegenüber beweist die Liebe zu ihm.

Die meisten Kinder haben nach ihrer Entscheidung das Verlangen, dem Herrn Jesus zu zeigen, daß sie ihn liebhaben. Der praktische Weg dahin führt über den Gehorsam. In Johannes 14, 21 heißt es:

»Wer meine Gebote hat und hält sie, der ist's, der mich liebt.«

»Was tust du, wenn deine Mutti dir ein Geschenk gemacht hat?«

»Ich danke ihr«, antwortete eins der Kinder. Aber Jutta rief dazwischen:

»Ich helfe ihr auch.«

»Warum denn das?« Erstaunte, fast ein wenig vorwurfsvolle Augen blickten auf sie.

»Ha, weil sie so gut zu mir ist!«

Welch ein schöner Beweggrund zum Helfen!

»Ich zeige meiner Mutti, daß ich sie mit allen Kräften liebe«, meinte ein Junge eines Tages zu seinem Freund.

»Wie kann man das denn?«

»Du weißt doch, daß wir ganz oben unter dem Dach wohnen. Ich trage meiner Mutti immer die Kohlen 'rauf. Dazu brauche ich meine ganze Kraft. Und ich tue es, weil ich sie liebhabe.«

Von vielen Kindern wird heute in den Familien kein regelmäßiger Gehorsam mehr erwartet. Oft bemerken Vater und Mutter gar nicht, wie geschickt sich das Kind dem Gehorsam entzieht, oder sie haben keine Kraft und keine Zeit, immer wieder einzugreifen. Für solche Kinder wird das Gehorchen nach ihrer Bekehrung schwer. Sie haben sich schon zu lange daran gewöhnt, ihren eigenen Kopf durchzusetzen. Und doch geht es im Leben des Christen nicht ohne Vertrauen und Gehorsam. Entsprang denn nicht schon die erste Sünde dem Mißtrauen?

Natürlich sieht ein Kind nicht immer den Grund seines Gehorchenmüssens ein. Das ist auch nicht nötig. Gehorsam bewahrt vor der Sünde, denn Gott verlangt von dem Kind nur, was ihm nützt:

»Ich bin der Herr, dein Gott, der dich lehrt, *was dir hilft*, und leitet dich auf dem Wege, den du gehst.« Jesaja 48, 17.

Der älteste einer Familie hatte immer wieder Schwierigkeiten mit dem Gehorchen. Manchmal gab es dafür eine Strafe, so auch diesmal. Willi bezwang Schmerz und Ärger mit Gewalt, aber die eine Frage mußte er stellen:

»Vater, ich soll dir immer gehorchen. Ich kann nie tun, was ich will. Und du? Wem gehorchst du eigentlich?«

Der Vater konnte dem Blick seines Jungen standhalten: »Mein Junge, ich versuche Gott zu gehorchen. Mir wird das auch nicht immer leicht. Aber ich kann auch nicht tun, was ich will.« Von dem Augenblick an war der Wille des Jungen geweckt, dem Vater zu gehorchen: Vater und Sohn standen auf einer Ebene.

Ein Indianer, seit einigen Monaten Gotteskind, wurde eines Tages vom Missionar gefragt:

c) Nahrung: Gottes Wort

»Wie geht es dir seit deiner Bekehrung?«

»Mir ist so«, meinte der Rote, »als ob zwei Hunde in meinem Herzen kämpfen. Ein weißer und ein schwarzer.«

»Und wer von den beiden siegt?« – Nach einer Pause kam die Antwort:

»Der, dem ich am meisten zu essen gebe.«

Ernährt sich ein Gotteskind in der Hauptsache von weltlichen Büchern, und seien es noch so gute, so muß es innerlich hungern. Wieviel Platz, wieviel Zeit hat die Bibel im Leben des gläubigen Kindes? Wieviel Geschichten und Belehrungen der Heiligen Schrift nimmt es in Herz und Gedanken auf?

»Ach, die Bibel ist so langweilig. Ich lese sie, weil ich muß. Aber ich weiß nicht mehr, was ich heute morgen gelesen habe.«

»Ich habe überhaupt nicht gelesen.«

»Ich verstehe gar nichts davon.«

So schwirrt es in einer Mädchengruppe durcheinander.

»Ich weiß wohl, daß ich es tun sollte, aber davon wird es auch nicht besser.«

»Wieviel lest ihr denn in der Bibel?«

»Och, ein paar Verse am Tag.«

»Stell dir einmal vor, du würdest andere Bücher auch so lesen, wie du die Bibel liest, dann...«

»... dann würden sie schrecklich langweilig sein«, fiel Ute mir ins Wort.

»Wie könnt ihr denn erwarten, daß die Bibel interessant ist, wenn ihr so wenig und selten darin lest? Der Teufel möchte am liebsten, daß ihr die Bibel überhaupt nicht aufschlagt. Er versucht auch, euch durch viele andere Gedanken abzulenken, wenn ihr Gottes Wort lest.«

Es ist kaum möglich, daß sich ein Kind von sich aus täglich Zeit zum Bibellesen nimmt. Es kann damit noch nicht fertig werden. Aber dennoch braucht es Nahrung.

»Und seid begierig nach der vernünftigen lauteren Milch wie die neugeborenen Kindlein, damit ihr durch sie zunehmt zu eurem Heil.« 1. Petrus 2, 2. Gott erwartet ein Verlangen, ein Sich-aus-strecken nach dem Wort der Heiligen Schrift. Er vergleicht es mit der für Kinder lebensnotwendigen Milch. Auch für die Kinder darf sie nicht verwässert werden. Sie muß echt, klar, rein und unverfälscht bleiben. Milch ist leichtverdauliche Nahrung. Und die braucht das neugeborene Gotteskind.

Wieviel Wert wird auf die Zubereitung der Säuglingsnahrung gelegt! Wie sehr wird

Regelmäßigkeit,
Zusammensetzung und Qualität,
Menge,
Wärme

überwacht. Der Säugling darf nicht krank werden! Die Mutter gibt sich alle Mühe, denn gerade weil das Kind noch so klein ist, braucht es neben der richtigen Nahrung (Qualität) auch eine ausreichende Menge (Quantität).

Wird das Kind mit Bibelversen überfüttert? Das ist genauso schlimm wie geistliche Unterernährung.

Kinder sollten zunächst im Neuen Testament zu lesen anfangen, bei den vier »Bilderbüchern«, den Evangelien. Dann folgt das »Geschichtenbuch«, die Apostelgeschichte, und später kommen die Geschichten des Alten Testamentes und die Briefe an die Reihe. Bibellesepläne führen das Kind zum selbständigen Bibellesen, weil es die kurzen Erklärungen verstehen kann.

Manchmal wird das Kind dadurch ermuntert, daß es sich einen Kalender basteln darf. An jedem Tag, wenn es die Bibel gelesen hat, klebt es ein Sternchen hinter das Datum. Wenn es gebetet hat, folgt ein Kreis. So kann das Kind sich selbst kontrollieren, und es macht Spaß, wenn nach einigen Wochen alle Kinder ihre Kalender in der Kinderstunde vorzeigen und die Leiterin durch Stichproben feststellt, was sich das einzelne Kind gemerkt hat.

Nach seiner Entscheidung für den Herrn Jesus begann Ulli von selbst in seiner Bibel zu lesen. Als seine Mutter ihn fragte: »Was liest du denn jetzt?« antwortete er: »Ich lese die Offenbarung! Ich muß doch wissen, was einmal später geschieht!« Weil der Junge mit Freude, mit Erwartung las, behielt er von dem schweren Text mehr als andere Kinder, die lustlos aus »Gewohnheit« lesen.

Wie sehen die Hausandachten aus? Gibt es noch welche? Sind sie auf das Kind ausgerichtet? Beobachten die Eltern, ob ihre Jungen und Mädchen dabei sind und zuhören? Dürfen sie Fragen stellen, die schlicht und ehrlich beantwortet werden, ohne daß sich daraus eine Predigt entwickelt? Die Kinderbibel von Anne de Vries eignet sich für jüngere Kinder sehr gut zum Vorlesen bei gemeinsamen Andachten. In verschiedenen Häusern wurde die Erfahrung gemacht, daß Kinder, die vorher leise oder vernehmlich geseufzt hatten, wenn der Vater lange vorlas, interessiert zuhörten, als die Kinderbibel oder die großen biblischen Erzählbücher gelesen wurden. Oft kam die Bitte: »Lies noch weiter.« Ein kleiner Fünfjähriger rief einmal unter Tränen, als das Buch energisch zugeklappt wurde: »Ach, Papa, du weißt doch selbst, du kannst nicht aufhören!«

Eine Gruppen-Bibelarbeit hilft zum besseren Verständnis:
Der Text wird zunächst von den Kindern vorgelesen. Er darf nicht zu lang sein, weil die Kinder behalten sollen, was sie gefunden haben. Und nun können sie in kurzen Sätzen auf Grund bestimmter Fragen antworten, z. B.:
Was steht da?
Was bedeutet das für dein Leben?
Welcher Spruch aus dem Abschnitt gefällt dir am besten und warum?
Bei der Fragestellung ist darauf zu achten, daß es möglichst W-Fragen sind, z. B.: Warum, wer, was für ein, wo, wenn, wann, wie. Darauf folgen meist Antworten, die es ermöglichen, ein Gespräch zu führen. Es macht den Kindern Freude, wenn sie entdecken, daß sie selbst etwas in der Bibel finden können.

Da die Kindheit allgemein als das »goldene Alter des Auswendiglernens« gilt, sollte sie dazu genutzt werden, dem Kind so viel biblische Geschichten und Texte wie möglich für das ganze Leben mitzugeben. Zeigt doch Psalm 119, 11, wo starke Hilfe gegen die Sünde zu finden ist:
»Ich behalte dein Wort in meinem Herzen, damit ich nicht wider dich sündige.« Gemeinsames Lernen von Bibelversen kann den Kindern sehr viel Freude machen. Es gibt keinen größeren Schatz für den Lebensweg des Kindes, als das lebendige Wort Gottes, das ihm zugleich Nahrung, Möglichkeit zum Wachstum und zum Sieg über die Sünde bedeutet.

d) Frische Luft–Gebet

»Wird der Herr Jesus mich hören? Ich bin noch so klein. Und wenn so viele beten, dann kann er gar nicht jeden hören.« Wie verständlich ist diese Angst. Ein Junge schreibt:
»Ich habe den Psalm 90 gelesen: Tausend Jahre sind vor dir wie der Tag, der gestern vergangen ist, und wie eine Nachtwache. Nun meine Frage an dich: Wenn die Zeit so schnell 'rumgeht, wie kann Gott da alle Gebete hören?«
Es gibt auch viele Kinder, die das Gebet als eine Art Zauberformel ansehen: Man braucht nur auf einen Knopf zu drücken, und schon geschieht, was ich mir sehnlich wünsche. Da kommt Monika. In der Sonntagsschule hatte sie den Vers gelernt: »Alles, was ihr bittet im Gebet, so ihr glaubet, werdet ihr empfangen.« Matthäus 21, 22.
»Ob der Heiland wohl mein Gebet erhört? Ich glaube ganz fest, daß er es kann.«

Wie ist dieses Ziel zu erreichen?

»Was hast du denn gebetet?« lautet die Rückfrage.

»Ich habe meine Blockflöte in der Schule vergessen, und meine Mutti schimpft immer, wenn ich sie nicht mit nach Hause bringe. Sie merkt es bestimmt. Kann der Herr Jesus nicht meine Blockflöte irgendwie nach Hause bringen?« – Monika mußte lernen, daß der Herr Jesus die Sünde vergibt, aber uns vor den Folgen der Sünde nicht bewahrt. Sie mußte die Strafe hinnehmen, die sie für ihre Nachlässigkeit bekam.

Da viele Kinder im Gebet etwas schwer Verständliches und Langweiliges sehen, sollte man von Anfang an darauf achten, daß kurz und bestimmt gebetet wird. Dazu gehört eine ehrerbietige Haltung in der Gegenwart des größten Königs. Manchmal muß erklärt werden, warum die Augen geschlossen und die Hände gefaltet werden. Ein elfjähriges Mädchen meinte: »Mein Vati sagt, die Leute machen nur deshalb beim Beten die Augen zu, damit sie nicht sehen, wie die anderen über sie lachen!«

Kinder können nicht alle Arten des Gebetes auf einmal lernen.

Bitten nach dem Willen Gottes, Johannes 16, 24 und bitten im Glauben; dabei wird es nötig sein, den Begriff »Wille Gottes« als im Sinne Gottes, im Wesen Gottes zu erklären. Ein größeres Kind wird von seinem Vater bestimmte Dinge nicht erbitten, weil es vorher schon weiß: Das liegt nicht im Sinne, im Willen des Vaters, während ein kleines es aus Unkenntnis versucht. Ebenso wird das Wort Glaube erklärt werden müssen: Vertrauen, auch ohne Verstehen, ohne vorheriges Erleben; Glauben, weil Gott nicht lügen kann, weil er liebt. *aa) Das Bitten*

»...für die Könige und für alle Obrigkeit, damit wir ein ruhiges und stilles Leben führen können in aller Frömmigkeit und Ehrbarkeit. Dies ist gut und wohlgefällig vor Gott, unserm Heiland« 1. Timotheus 2, 2. 3. Auch schon Kinder dürfen und sollen lernen, daß sie als Gotteskinder zu einer großen Familie gehören, die füreinander einsteht, und daß sie alle täglichen Erlebnisse dem Heiland sagen dürfen. Dazu kommt das Gebet für unerrettete Angehörige. Es ist bezeichnend, wie Kinder, die gerade zum Glauben gekommen sind, bei ihrem ersten Dankgebet gleich für Geschwister oder Eltern eintreten, die noch nicht an Jesus glauben. *bb) Fürbitte*

Auch in diese höchste Form sollte ein Kind eingeführt werden. Folgendes Beispiel mag helfen, zu verstehen, was Anbe- *cc) Anbetung*

tung bedeutet: Ein Pfarrer sitzt am Samstagmorgen in der Stille seines Studierzimmers über der Vorbereitung seiner Predigt, als es klopft. Sein fünfjähriger Ulf steht vor ihm. »Papa, schau mal, der Wagen ist kaputt. Bitte, mach ihn heil.« »Gut Junge, diesmal will ich deinen Wunsch erfüllen, aber dann mußt du mich heute in Ruhe lassen, hörst du?« Der Kleine nickt und geht glücklich mit seinem Wagen davon. Nach einer halben Stunde klopft es wieder. Ein wenig fährt der Vater auf: »Junge, ich habe dir doch gesagt, du sollst mich heute morgen nicht stören!«

»Aber, Papa, guck doch. Du hast es nicht fest genug gemacht. Bitte, mach es heile.« Wer kann da schon widerstehen?

»Also, Ulf, das war wirklich das letzte Mal. Ganz gleich, was mit dem Wagen geschieht, du darfst mich jetzt nicht mehr stören!«

Stunden vergehen. Da, ein drittes Klopfen. Nun ist es aber zuviel, denkt der Vater, öffnet die Tür und sieht den Kleinen vor sich. Er hat keinen Wagen in der Hand.

»Na, was willst du? Ich habe dir doch gesagt, du sollst mich nicht stören!«

»Papa«, flüstert das Kinderstimmchen, »ich will ja gar nichts. Ich will bloß bei dir sein.«

Ich will gar nichts. Ich will nur bei dir sein!

Wer kennt solch eine Stille bei dem Herrn? Nur bei ihm sein? Ohne Wünsche, ohne Bitten? Es kommt nicht mehr auf meine Anstrengungen an. Gott liebt mich. Es gibt nichts mehr zu sagen. Das Herz ist voller Liebe. Bei dir sein! Vollkommene Ruhe. Wer das erfahren hat, kann auch den Kindern den Weg dahin zeigen.

e) Übung -
Zeugnis ablegen
durch Wort und
Leben.

Im Leben des normalen Kindes steckt der Drang zum Üben. Die kleinen Gliedmaßen scheinen ununterbrochen in Bewegung zu sein. Es gibt kein qualvolleres Gebot als: Stillsitzen. Gott hat das Kind mit seinen Wachstumsperioden so geschaffen.

Auch wenn ein Gotteskind gesund sein will, geht es nicht ohne üben, üben, üben.

Was bedeutet dieses Üben? Es ist das Bekenntnis der Zugehörigkeit zu Jesus und persönliches Zeugnisgeben. Ein Kind wird noch nicht in der Lage sein, das Einst und Jetzt seines Lebens herauszustellen. Aber wenn es Jesus gehört, kann und soll es das anderen weitersagen. Nicht nur bei Erwachsenen, sondern besonders unter Kindern. Das wird vielleicht harte Kämpfe zur Folge haben. Gottes Wort gibt klare Anweisung über das Zeugnisablegen: Römer 10, 9-10 und Matthäus 10, 32-33. »Bekennen mit dem Munde«, und »Bekennen vor den Menschen.«

Dora ist inzwischen ein junges Mädchen geworden. Im Elternhaus ist vor Monaten große Freude eingekehrt, weil sie sich als erste von ihren Geschwistern für Jesus Christus entschieden hat und das auch anderen weitersagt. Sie erzählt:

»Als ich neun Jahre alt war, habe ich den Herrn Jesus aufgenommen. Aber ich habe nichts davon gesagt, und nach ein paar Jahren war alles weg. Im letzten Winter habe ich mich entschieden. Aber ich sprach nicht davon, bis ich jetzt erkannte: Wenn du deinen Mund wieder hältst, wird es noch schlimmer werden als vorher. Deshalb habe ich es jetzt unserm Prediger gesagt. Und ich freue mich so sehr!«

Ein fünfzehnjähriger Junge bleibt eines Tages zurück.

»Warum habe ich gar keine Freude? Ich muß auch immer wieder das tun, was ich gar nicht will.« Im Gespräch zeigt sich, daß er seit einem Jahr dem Herrn Jesus gehört, aber noch niemals einem Menschen davon erzählt hat. Keine Freude, kein Sieg.

Ist es nicht zuviel, dem Kind diese Forderung Gottes aufzuerlegen? Sollte man es nicht lieber vor dem Ausgelachtwerden in der Schule bewahren? Vielleicht wird es zu Hause von ungläubigen Eltern oder Geschwistern auch ausgelacht. Aber es geht nicht um das, was wir denken, sondern darum, was das Wort Gottes sagt. Nicht ein Mensch fordert das, sondern Gott. Und deshalb muß dem Kind der Wille Gottes gezeigt werden.

Zunächst geht es um ein Bekenntnis mit dem Munde. Dabei ist darauf zu achten, daß das Kind nicht in »salbungsvolle Redensarten« verfällt. Das Zeugnis des Lebens muß damit übereinstimmen. Das Bekenntnis hilft dem Kind trotz aller Kämpfe:

aa) Die Gewißheit der eigenen Errettung wird bestärkt. Es lernt Antworten geben auf Fragen, die nach dem Grund der Gewißheit forschen.

bb) Durch das Zeugnis mit dem Munde wird das Kind angespornt, entsprechend zu leben. Wenn es z. B. in der Schule erzählt, daß es dem Herrn Jesus gehört, aber tüchtig weiter schwatzt und mogelt, werden die anderen Kinder es daraufhin ansprechen. Oft liegt hier der Grund, warum das Kind nichts sagt: Es weiß, daß dann das Leben anders werden muß, aber das scheint ihm zu schwer.

cc) Wenn als Folge eines solchen Bekenntnisses Schwierigkeiten auftreten, vielleicht Haß und Spott, oder wenn Fragen gestellt werden, wird das gläubige Kind zum Lesen der Bibel, zum Gebet und zum Besuch des Kindergottesdienstes angeregt, um sich dort Hilfe und Antwort zu holen.

Kinder, die auch zu Hause Schwierigkeiten haben, brauchen besondere Hilfe und Unterstützung. Vielleicht kann man die Eltern besuchen und mit ihnen darüber sprechen, was ihr Kind erlebt hat. Das sollte aber erst dann geschehen, wenn das Kind selbst zu Hause davon erzählt hat. Wenn es das aus Angst lieber in Gegenwart eines Helfers tut, so ist eine solche Begleitung angebracht.

Es könnte sein, daß Kinder ihr Zeugnis vor bestimmten Erwachsenen gern geben, weil sie dafür gelobt werden. Die Gefahr des überheblichen Plapperns entsteht. Dann gilt es, ihnen Mut zu machen, es auch den Spielgefährten so einfach weiterzusagen, daß sie es verstehen können.

Roland kommt ein wenig erhaben aus der Schule zurück:

»Stell dir vor, mein Nebenmann in der Schule weiß nicht einmal, was Erlösung ist.«

»Wie kommst du denn darauf?«

»Ich habe ihm gesagt, daß ich erlöst bin, und da hat er mich gefragt: Was ist das denn?« Der Junge hatte auf seine Art richtig gehandelt. Er konnte nichts dafür, daß er Ausdrücke gebrauchte, deren Bedeutung weder ihm noch seinem Mitschüler richtig klar waren.

»Und was hast du ihm geantwortet?«

»Ich habe ihm gesagt: Erlösung braucht man, wenn man in den Himmel kommen will. Wenn man sie nicht hat, geht man verloren. Weil ich erlöst bin, komme ich in den Himmel.« Er war noch immer überzeugt, daß er seinem Kameraden die rechte Antwort gegeben hatte, bis ihn die Frage: »Ob Werner nach dieser Erklärung weiß, was Erlösung ist?« stutzig machte. Schließlich erkannte Roland: Ich weiß es selbst nicht

richtig. Ich weiß nur, daß ich erlöst bin! Nach einem ausführlichen Gespräch stand er plötzlich strahlend auf:
»So, nun kann ich es ihm morgen richtig erklären.«
Zwei Mädchen berichten noch ganz aufgeregt von ihrem Wortgefecht mit einigen Mädchen einer anderen Konfession:
»Was kann man nur machen, um sie zu überzeugen, daß sie nicht recht haben?« fragten sie schließlich.
»Habt ihr den anderen Mädchen schon mal erzählt, daß ihr selbst erlebt habt: Jesus Christus hilft uns? Er ist unser Heiland?«
Sie starrten sich erschrocken an:
»Aber wenn wir ihnen das sagen, dann lachen sie!«
Es wird nicht genügen, die Kinder nur ein paarmal auf Vorrecht und Verantwortung des Bekennens aufmerksam zu machen. Das muß wieder und wieder geschehen.

In einem Waisenhaus für vorschulpflichtige Kinder durfte ich eine Kinderstunde halten. Etwa fünfzig Kinder, vier bis sechs Jahre alt, saßen vor mir und hörten zu. Zwei Schwestern betreuten die Kinder mit Liebe und Sorgfalt. Während ich sprach, rückten die Kleinen näher. Bald saßen mehrere auf meinem Schoß, andere versuchten, mich zu streicheln. Wieder andere kamen nicht so weit heran und streckten verlangend ihre Hände aus. In all den vielen Augen stand Sehnsucht nach Liebe! Die Schwestern gaben, was sie konnten. Aber wie können zwei Schwestern für fünfzig Kinder soviel Zeit haben, wie die Kleinen brauchen, um Geborgenheit, Wärme und Liebe zu erfahren?!

f) Liebe –
Gemeinschaft

Genauso verlangt ein gläubiges Kind nach Liebe, die es im Zusammensein mit anderen gläubigen Kindern findet. Gerade wenn es in der Schule, vielleicht auch zu Hause innerlich nicht vorwärtskommen kann, im Gegenteil, manchen Kampf zu bestehen hat, oft verzweifelt und einsam ist, braucht es diese Gemeinschaft. Sind Kindergottesdienste, Sonntagschulen, Bibelklassen, Jungscharen solche Stätten, an denen sich das Kind wohlfühlt? An denen es neuen Mut, neue Kraft bekommt? Freuen sich die Kinder auf »ihre« Stunde und sehnen sie sich danach?

Kleinigkeiten bedeuten für ein Kind viel: eine persönliche Begrüßung, bei der es angeschaut wird; eine Frage, die Interesse nach seinem Ergehen zeigt. Das Hervorheben von

Geburtstagen oder das Gebet für Kinder, die krank sind, helfen dem einzelnen, zu erkennen: Hier kennt man mich und hat mich gern.

Ein Mädchen, das nach seiner Entscheidung für Jesus zum Besuch des Kindergottesdienstes angehalten wurde, kam empört aus der Kinderstunde:

»Da gehe ich nie wieder hin. Die haben nicht einmal gemerkt, daß ich da war!«

»Heute war gar kein richtiger schöner Abschluß der Kinderwoche«, meinte eins von den vielen Kindern, die treu in der Woche die Stunden besucht hatten, zu Hause. »Tante Ruth hat uns nicht einmal zum Abschied die Hand gegeben!« Spricht diese Enttäuschung nicht für sich?

g) Helfen – Mission

Je kleiner die Kinder sind, desto größer ist ihr Eifer, zu helfen; oft sehr zur Belastung der Mutter, die viel lieber hätte, wenn ihre »Großen« sich zum Helfen drängen würden! Aber es wird den Kleinen Mut machen, wenn sie früh helfen dürfen. Das Helfen wird dann kein hartes Muß für sie sein. Die jungen Gotteskinder beschämen durch den Eifer ihrer ersten Liebe oft die, die schon länger auf dem Weg mit Jesus sind. Kinder bilden keine Ausnahme. Sie möchten etwas tun und sind nicht zufrieden, wenn ihnen gesagt wird: »Ihr dürft beten.« Sie erwarten praktische Ratschläge.

aa) In der unmittelbaren Umgebung

Dabei gibt es manche Möglichkeiten für sie: Traktate an Kinder verteilen; Kinder in die regelmäßigen Kinderstunden einladen; in der Schule Einladungen für evangelistische Kindersendungen verteilen. Manche Kinder schrieben mir und wollten eine bestimmte Anzahl von Zetteln haben. Ein Junge forderte 451. Seine Erklärung: »Bei uns in der Schule sind 451 Kinder, und ich möchte jedem einen geben.« Traurig berichtete er nachher, wie einige Kameraden »Flieger« daraus gemacht hatten, aber andere stellten das Radio ein, und die Sendung gefiel ihnen so gut, daß sie nun regelmäßig hören.

Immer wieder erleben wir, daß Jungen und Mädchen neue Wege finden, um weiterzusagen, was Gott an ihnen getan hat. Zu einer Zeltkinderwoche kamen viele Kinder, darunter zwei Mädchen aus einem fünf Kilometer entfernten Nachbarort. Sie entschieden sich für den Herrn Jesus und begannen bald, den Nachbarkindern von dem, was ihr Herz erfüllte, zu erzählen. Wochen später kam ein Brief:

100

»Wir haben ihnen alles erzählt, was wir wußten. Und stell dir vor, gestern fragten ein paar Mädchen, ob sie das auch haben können. Was sollen wir tun?« Ein persönlicher Besuch war aus zeitlichen Gründen nicht möglich. So wurde ein Brief geschrieben, in dem ich versuchte, ihnen das wichtigste zu erklären. – Wochen vergingen. Monate. Keine Antwort kam. Was mochte aus diesen Mädchen geworden sein?!

Sechs Jahre später fand in der Nähe dieses Ortes wieder eine Zeltarbeit statt. Am ersten Abend standen freudestrahlend zwei junge Mädchen vor mir:

»Kennst du uns noch?« Wie sollte es möglich sein, nach so vielen Jahren Kinder, die inzwischen zu jungen Mädchen herangewachsen waren, wiederzuerkennen! Plötzlich durchzuckte mich der Gedanke: Könnten das jene beiden Kinder sein? Eifrig bejahten die Mädchen meine Frage. Ein frohes Erzählen begann. Unterdessen näherte sich langsam eine Gruppe junger Mädchen, bis sie uns so dicht umgaben, daß ich die Frage stellte:

»Und wer sind denn diese hier?« Die Augen meiner beiden jungen Freundinnen wurden fast vorwurfsvoll, als sie spontan entgegneten: »Das sind die, von denen wir damals schrieben!« Meine Nachfrage in der Gemeinde ergab, daß sie zu den eifrigsten und zuverlässigsten in der Jugendgruppe gehörten. Wie wunderbar wirkt der Herr Jesus in seinem Erlösungswerk!

Kinder können früh lernen, nicht nur die eigene Umgebung zu sehen, sondern auch die äußere Mission. Ein persönlicher Kontakt mit einem Missionar hilft hier viel. Die Kinder sehen Bilder, haben eine Landkarte, bekommen auch Einzelheiten, kleine Kunstgegenstände aus fremden Ländern mitgebracht, die sie anfassen dürfen. Sie können Handarbeiten und Bastelarbeiten für die Kinder auf dem Missionsfeld anfertigen. Wenn sie allerdings Geld geben wollen, so sollte es ihr eigenes sein. Es geht nicht um die Summe, sondern darum, daß sie dem Herrn Jesus ihr Opfer aus Liebe bringen. Kinder tun viel, wenn sie richtig zum Geben angehalten werden!

Eines Tages öffnete ich einen Brief, in dem für DM 4,90 Briefmarken enthalten waren. Udo schrieb dazu:

»Mein Großvater hatte mir zu meinem Geburtstag DM 5,– geschenkt. Ich möchte doch gern mithelfen und schicke dir

bb) In der Mission

viele Briefmarken, damit du anderen Kindern schreiben kannst.
Ich freue mich, daß ich es tun kann!«

Vielleicht mag bei manchem der Gedanke auftauchen: Ist es
nicht zu hart und schwer, dem Kind so früh die Konsequenzen
des christlichen Lebens aufzubürden? Wird es dabei nicht
überfordert? O nein! Es gilt ja, in der Nacharbeit dem Kind
sein Vorrecht und seine Verantwortung klarzumachen und es
dabei auf den Herrn Jesus Christus hinzuweisen. So wenig
wie jemand durch eigenes Ringen und Kämpfen zum Glauben
gekommen ist, wird er durch eigenes Wollen das Ziel erreichen. In Kolosser 2, 6 sagt Paulus: »Wie ihr nun den Herrn
Christus Jesus angenommen habt, so lebt auch in ihm.«

Also gilt es auch für das Kind: viel mehr danken, glauben und
vertrauen. Auch bei der Weiterführung bleibt das Evangelium
Gabe, nicht Moral. Jesus Christus wohnt in jedem, der ihm
gehört, und allein durch seine Kraft wird es dem Kind möglich, auf dem Weg des Glaubens Fortschritte zu machen. Auch
das gläubige Kind steht in dieser Verbindung mit der Kraft
Jesu Christi; und viele, viele Kinder, die echt fröhlich sind,
haben durch ihr Leben bewiesen, daß es keinesfalls für ein
Kind zu schwer ist, dem Herrn Jesus nachzufolgen.

V. Fröhliches Singen

»Na, Achim, wie hat dir die erste Kinderstunde gefallen?« Er schaut auf, nickt. »Hm, ganz gut!« »Hat dir irgend etwas nicht gepaßt?« »Hm, doch ganz gut!« Mehr war aus ihm nicht herauszubekommen. Inge, seine große Schwester, spielte in der Kinderstunde Klavier. »Bitte, frag du doch deinen Bruder, ich möchte es gern wissen!«

Am nächsten Tag kam Inge. »Achim sagt, du hättest zu viele Lieder gesungen. Sonst wäre alles schön gewesen.« Natürlich! Ein Zwölfjähriger singt nicht gern. Und wir hatten drei Lieder gesungen!

Ein Tag nach dem andern verging. Nun war die letzte Kinderstunde vorüber. Achim zögerte noch, nachdem die andern Kinder schon verschwunden waren. Er konnte sich nicht trennen. »Das ist aber schade, nun haben wir keine Kinderstunde mehr.« »Aber ihr habt doch eure Jungschar und sonntags euren Gottesdienst.« »Da ist es nicht so schön.« »Was hat dir denn am besten gefallen?« – Pause. Dann warf Achim den Kopf zurück und rief es fast: »Daß wir so viel gesungen haben! Zuerst paßte es mir nicht, aber jetzt kann ich die Lieder einfach nicht vergessen!«

Achim ist kein Einzelfall. Die großen Kinder, besonders Jungen, durchlaufen oft eine Zeit, in der sie schwer zum Singen zu bewegen sind. Vielleicht wird in den Elternhäusern zu wenig gesungen! Oder sie wurden bei falsch gesungenen Tönen in der Schule ausgelacht und an die Seite gestellt.

Und was ist ihnen oft als kleinen Kindern widerfahren? Jedes Kind singt gern, macht sich seine eigenen – uns Erwachsenen unmöglich erscheinenden – Melodien und gebraucht sie beim Spiel. Es drückt seine Empfindungen durch Töne aus. Die Kleinen singen mit Begeisterung – oft gerade die, die keine Melodie halten können, bis, ja bis allmählich das Leuchten in den Augen erlischt, weil ein Großer sagt, immer wieder sagt: »Du brummst ja nur. Sei lieber still. Du singst außerdem ganz falsch.«

Auch zur Zeit Jesu drückten die Kinder ihre Freude in Tönen aus. Sie hatten seine Wunder gesehen. Nun lobten sie ihn, schrien und sangen. Und das im Tempel! Wahrscheinlich hörte es sich nicht besonders schön an. Unwillig kamen die Hohenpriester zu Jesus: »Bring doch endlich die Kinder zur Ruhe!« Doch Jesus brachte sie selbst zum Schweigen: »Habt ihr nie gelesen: Aus dem Munde der Unmündigen und Säuglinge hast du dir Lob bereitet?«

Versuchen wir einmal, das Lied aus unseren Gottesdiensten, Bibelstunden, Konferenzen, Freizeiten und Kinderarbeiten wegzudenken! Keine Möglichkeit mehr, gemeinsam Gott zu loben, sich zu verlieren in einer großen Schar von Sängern; mit emporgetragen zu werden, so daß Sorgen, Nöte, ja auch eigene Freuden zurückbleiben! Das geht nicht. Das Lied gehört zu unserm Leben als Gotteskinder, ob klein oder groß.

Es gehört zu unseren Zusammenkünften.

Es gehört ins tägliche Leben.

A. Warum ist das Singen in der Kinderstunde so überaus wichtig?

1. Kinder werden eine Gemeinschaft

Haben Sie schon einmal an der Tür gestanden und beobachtet, wie die Kinder in den Raum kamen? Einige sind früh da, erzählen sich die neuesten Erlebnisse. Drüben stehen zwei oder drei und warten ungeduldig. Dort kommen ein paar Jungen, und es sieht aus, als ob sie sich gerade in den Haaren gelegen hätten. Die Fäuste sind noch geballt, Schimpfwörter fliegen hin und her. Hier und da springen sie in Gruppen hinein, zwischendurch einer allein. Frohe und traurige, unmutige und begeisterte Gesichter. Wie mag es erst in den Herzen aussehen? Wer weiß denn, was unmittelbar vorher geschehen ist?

Und alle diese Kinder sollen in wenigen Minuten stillsitzen können? Bereit sein zum Hören, wenn es in ihren Herzen noch gärt? All ihr Erleben haben sie doch mitgebracht. So schnell können sie nicht vergessen, können sie nicht aufnahmebereit sein.

Das gemeinsame Singen bildet hier eine große Hilfe. Allmählich, oft erst nach mehreren Liedern, wachsen die Kinder zu einer Gemeinschaft zusammen. Der einzelne verschwindet inmitten der andern. Ja auch die, die sonst als unmusikalisch außen vor sind, vergessen ihre Brummtöne und singen gerne mit. Das ist für viele Kinder ein eindrucksvolles Erlebnis.

In einem großen Zelt beobachten Erwachsene folgendes: Hunderte von Kindern singen stehend das Lied vom klugen Mann. Man sah förmlich, wie der Regen kam. Hei, da war das Haus mit lautem Krach umgefallen! Ein paar Jungen standen in den letzten Bänken. Sie hielten sich wohl für zu groß, um die Handbewegungen mitzumachen. Sie hatten die Hände in den Taschen zu Fäusten geballt. Im Schwung der Begeisterung kam schon mal eine heraus. Schnell zurück! Aber beim nächsten Lied, als David seine Schleuder durch die Luft sausen läßt, gab es kein Halten mehr. Die Hände konnten nicht ruhig bleiben, als so viel los war. Und bald waren sie mit allen andern eifrig dabei.

Es ist für ein Kind eine körperliche Qual, vom Springen und Rennen zu einer Stunde Stillsitzen verurteilt zu sein. Da zuckt es in allen Gliedern. Die überschäumende Kraft kann nicht angestaut bleiben, sonst äußert sie sich während der ganzen Stunde als Unruhe. Darum ist es gut, die Kinder bei einigen Liedern aufstehen zu lassen, damit sie sich laut alles vom Herzen singen können. Am Anfang sind lebhafte, frische Lieder angebracht.

2. Ihre überschüssige Energie wird sinnvoll angewandt und gebraucht.

Durch eine geplante Singzeit werden die Herzen der Kinder für die nachfolgende Geschichte vorbereitet. Das Lied hat ja nicht nur eine Melodie, sondern auch einen Text. Die Kinder werden dadurch mehr und mehr zum Thema der Stunde hingeführt und werden durch ihre Mitarbeit ein Teil des Ganzen. Ihre Gedanken werden gefangen. Sich beim Singen auszuschließen ist schwer. Selbst wenn hier und da noch ein Mund zusammengekniffen ist, können sich Ohren und Augen dem Eindruck des Liedes nicht ganz entziehen. Das letzte Lied vor der Geschichte sollte zum Thema passen und ein ruhiges Lied sein. Dann bedarf es keiner Anstrengung, Jungen und Mädchen in das Erlebnis der biblischen Botschaft hineinzuführen.

3. Das Lied als Vorbereitung für die Botschaft.

Wie viele, die sich gegen das gesprochene Wort der Bibel wehren, singen sich dieses Wort selbst ins Herz.Immer wieder werden Kinder nur durch das gemeinsame Singen angezogen, die Kinderstunden zu besuchen, und da sie nach den Liedern nicht recht wagen, hinauszugehen, hören sie auch die Botschaft von Jesus Christus, während andere, für die das Singen

4. Durch das Lied kommt Gottes Wort in das Kinderherz.

nur den Beigeschmack des Musikunterrichts ihrer Schule hat, durch das frohe Singen in der Kinderstunde allmählich gepackt werden. Dadurch daß sie Gottes Wort nicht nur in der Geschichte hören, sondern es selbst singen, dringt es tiefer in ihr Unterbewußtsein ein.

Annette steht nach der Stunde vor mir: »Du hast heute was falsch gemacht!« Ernst, vorwurfsvoll sehen die blauen Augen drein. »Was denn? Willst du es mir nicht sagen?« »Du hast was falsch gemacht. Und das ist ganz schlimm!« Schließlich, nach mehrmaligem Fragen kommt es stockend heraus: »Du hast ein neues Lied mit uns gelernt, von der Tür. Und da heißt es: Eine, nur eine Tür, zwei Seiten gibt's dazu, ich stehe innen, auf welcher stehst du? Und du hast gesagt, wir sollen alle singen. Und ich habe auch gesungen.« – Pause. »Aber ich habe gelogen. Ich stehe nicht innen. Aber du bist schuld.«

Dicke Tränen füllen ihre Augen. Alle Anklage ist verschwunden. Nur noch die Sehnsucht bleibt: Ich möchte es so gern wissen! Es kommt zum Gespräch; und als Annette endlich heimgeht, singt sie auf dem Rückweg und dann den ganzen Nachmittag zu Hause in allen Variationen: »Ich stehe innen, auf welcher stehst du?« Die Freude mußte heraus, wie denn sonst als durch dieses Lied, das sie in der Stunde so sehr gepackt hatte!

Wir saßen im Studio und übten für eine Radiosendung das bekannte Lied: Weil ich Jesu Schäflein bin. Plötzlich stockte alles, denn ein Mädchen schluchzte: »Ich kann das doch gar nicht sagen. Ich gehöre dem Herrn Jesus nicht. Ich tue nur so!«

Betretenes Schweigen. Zwölf Augenpaare starrten mich an. Wir sprachen miteinander und beteten zusammen. Das Üben war plötzlich zu Ende. Bevor die Kinder gingen, flüsterte mir das Mädchen ins Ohr: »Jetzt kann ich erst richtig mitsingen!«

Die Lieder werden nicht nur für die Zeit der Kinderstunde behalten, sie dringen ins Herz ein und nehmen die Gedanken gefangen. Zu Hause hören sie die Eltern und die Verwandten. Ja, manchmal kommen trotz des elterlichen Verbots diese Lieder im unbewachten Augenblick wieder durch. Das Kind kann nicht anders. Es muß singen, auch wenn es sich im Augenblick nicht immer Rechenschaft über die Bedeutung des Textes gibt.

»Sagen Sie doch endlich den Kindern, sie sollen mit diesen Liedern aufhören. Man wird ja ganz verrückt dabei!« verlangte eines Tages wütend ein Vater. – Aber diese Lieder waren da. Sein Kind war so erfaßt davon, daß es überall sang. Warum auch nicht? Hat nur der Feind ein Anrecht darauf, daß seine Lieder gehört werden?

Nach einer Stunde kommen etwa zehn dreizehnjährige Mädchen mit der Frage:»Darf man Schlager singen?« Die Unterhaltung geht hin und her. Es ist den Mädchen wirklich ernst mit ihrer Frage. Sie beklagen sich fast, daß die andern in ihrer Klasse immer Schlager singen, sogar vor der Religionsstunde.»Sollen wir es ihnen nicht verbieten?«

Auf den Vorschlag:»Warum singt ihr denn nicht?« entgegnen sie:»Wir können doch nicht einfach Lieder von Jesus singen. Dann lachen alle!« Sie waren sich völlig einig: Die andern machen es uns schwer. Wir tun nichts. Plötzlich fragte ich:»Warum singen denn die andern ohne Hemmungen Schlager, und ihr könnt eure Lieder nicht singen?«

Es wird still. Sie schauen sich ratsuchend an. Dann meint Heike langsam, überlegend:»Weil wir nicht richtig überzeugt sind?« Ute ruft:»Weil wir so sein wollen wie die andern.« Und Ingelore:»Ja, weil wir im Grunde nicht so begeistert sind von unsern Liedern wie sie von den ihren!«»Und woran liegt das?« Eine neue Pause tritt ein. Endlich sagt Monika traurig:»Ich gehöre wohl dem Herrn Jesus, aber ich kann noch nicht richtig für ihn leben, und ich habe ihn nicht so lieb, wie ich möchte. Darum kann ich auch nicht so von selbst singen. Im Gottesdienst ist es anders.«

Es ist nicht nur unsere Gewöhnung, die uns das Singen im Raum der christlichen Gemeinde unersetzlich erscheinen läßt. Die Heilige Schrift selbst ermuntert zum Loben durch Gesang. Voll tiefster Freude sangen Mose und das Volk Israel nach dem Durchzug durchs Rote Meer:»Ich will dem Herrn singen, denn er hat eine herrliche Tat getan.« Das Erzählen genügte nicht. Es mußte eine Melodie dabeisein.

5. Das Singen ist eine geistliche Notwendigkeit.

So erging es dem Volk Israel wieder und wieder, nicht nur nach Siegen, sondern sogar mitten im Kampf. Sehen wir hinein in die Psalmen:»Singet ein neues Lied!«»Ich will dem Herrn singen mein Leben lang!«»Singet fröhlich Gott, der unsere Stärke ist, denn solches ist ein Recht des Gottes Jakobs.« Wie werden die Kinder mitgejubelt haben!

Im Neuen Testament loben und singen Paulus und Silas um Mitternacht im Gefängnis. Paulus ermahnt:»Singt und spielt dem Herrn in euren Herzen.« Ja: »Lehrt und ermahnt euch gegenseitig mit Psalmen, Lobliedern und geistlichen Liedern...« Wie viel weniger harte, häßliche Worte würden ausgesprochen, wenn das öfter geschähe!

B. Wer leitet das Singen?

Ist die Antwort nicht einfach? Wer speziell dafür ausgebildet ist, musikalische Menschen, besondere Experten! – Nein: Jeder! Jawohl, jeder ist gemeint. Aber nun kommen Einwände.
»Ich würde ja gern, aber ich kann nicht.«
»Die Kinder lachen mich aus, wenn sie meine Stimme hören.«
»Ich kann nicht singen, wenn jemand dabei ist.«
»Wenn ich wenigstens die Noten könnte.«
»Ja, wenn ich so eine Stimme hätte wie die andern!«
»Ohne Instrument kann man bei Kindern gar nichts machen.«
»Ich kann das nicht!« – »Haben Sie schon mal probiert?« –
»Nein, aber ich weiß, daß es nicht geht!«
»Woher wissen Sie das nur?«
Also wird es auf die wenigen abgeschoben, die es angeblich können. Bitte überlegen Sie doch einen Augenblick: Singen Sie nie, wenn Sie allein sind? Summen Sie nicht doch mal eine Melodie vor sich hin? Ist vielleicht nur die Furcht vor den Kindern, die Angst vor der Blamage der Grund Ihrer Ablehnung? Woher wissen Sie übrigens so sicher, daß Sie sich blamieren?

Da steht ein junges Mädchen, glücklich, froh. Es ist so überzeugt von dem, was es tut, daß es die Kinder einfach mitreißt. Es hört sich nicht sehr schön an, aber die Herzen sind dabei. – Ein anderes Mädchen leitet auch eine Gruppe. Genau und exakt sind ihre Bewegungen. Nur ja nichts falsch machen, scheint in ihren ängstlichen Augen zu stehen, sonst lachen die Kinder. Korrekt erklärt sie, singt sauber vor. Die Kinder versuchen zu singen, aber es bleibt eine Quälerei. Die Wärme fehlt.

Natürlich ist es gut, wenn Sie eine Ausbildung haben. Aber es ist nicht notwendig. Viel wichtiger ist: Liebe zum Singen und Liebe zum Kind. Sie können viel mehr lernen, als sie denken. Die folgenden Abschnitte geben verschiedene Anregungen, wie man sich helfen kann.

C. Was ist notwendig, um das Singen zu leiten?

Eine erstklassige Solostimme ist nur wenigen beschieden. Es geht beim Singen mit den Kindern nicht darum, daß sie den Leiter hören. Kinder wollen selbst singen. Dabei kann eine Solostimme nur hindern, weil sie die anderen übertönt.

Der rechte Anfangston ist allerdings notwendig. Wenn Sie zuerst Mühe haben, ihn zu finden und entweder zu hoch oder zu tief anstimmen, unterbrechen Sie nach der ersten Strophe oder gleich mittendrin, und fangen Sie neu an. Ein Instrument stellt eine Hilfe dar, schon eine Flöte oder Mundharmonika. Werden Sie nicht unruhig. Schon manch einer hat durch Übung und Überlegung richtig Anstimmen gelernt.

Machen Sie sich vorher klar, ob der Anfang des Liedes etwa in der Mitte zwischen dem tiefsten und höchsten Ton des betreffenden Liedes liegt. Wenn Sie wissen: Das Lied reicht sehr hoch hinauf, ist es besser, etwas tiefer anzufangen, denn Kinder hören einfach auf zu singen, wenn sie nicht weiter hinauf können. Dauerndes Singen in hohen Tonlagen strengt an.

Wenn Sie keine Melodie halten können, singen Sie nicht vor, sondern bitten Sie einen Mitarbeiter darum; allerdings muß vorher darüber gesprochen worden sein. Man kann hierzu auch fähige Kinder einsetzen, die es sehr gern tun.

In einer Hauskinderstunde hatten die beiden Erwachsenen am Anfang viel zu tun: Kinder begrüßen, Mäntel ausziehen, Jungen und Mädchen auf die rechten Plätze führen, damit die Großen nicht vorn saßen oder zwei Störenfriede nebeneinander kamen. Sie konnten sich deshalb nicht um die Gruppe kümmern. Diese Schwierigkeit lösten sie folgendermaßen: Abwechselnd durfte eins der Größeren vorn stehen und mit den Kindern singen, bis die Stunde begann. Diese Kinder erledigten ihre Aufgabe vorbildlich. Sie sangen gemeinsam, ließen zwischendurch einmal einen Vers aufsagen, sangen in Gruppen. Bei Beginn der Stunde setzten sie sich ruhig auf ihren Platz. Alle machten mit, die Kleinen sowieso und die Großen auch; denn es konnte sein, daß sie beim nächsten Mal vorn standen. Dann brauchten sie auch die Aufmerksamkeit der anderen.

Kindern können grausam und erbarmungslos sein. Doch sie verlangen im Grunde nur nach Führung. Bleiben Sie natürlich

1. Die Stimme

2. Freundlichkeit bei Kindern lohnt sich.

in wirklicher Freundlichkeit. Wenn Sie entdecken, daß irgend etwas an Ihrer Art den Kindern im Wege steht, ändern Sie es, und bleiben Sie wahrhaftig. Sie werden z. B. niemals Kinder im Singen mitreißen können, wenn Sie selbst nicht begeistert sind. Ist das Singen wirklich so unangenehm, daß es je schneller desto besser abgewickelt werden muß? Das werden die Kinder Ihnen abspüren. Ist es Ihnen ein inneres Anliegen, Gott von Herzen im Lied zu loben und auch die Kinder in dieses Lob mit hineinzunehmen? Und wenn es wirklich mal falsch gehen sollte und die Kinder lachen, ist es das beste, einfach mitzulachen. Warum denn nicht zugeben: Ihr habt ja recht. Wir wollen nicht beleidigt sein, sondern versuchen, uns mit den Augen der Kinder zu sehen.

3. Vertrauen gibt Sicherheit. Durch gründliche Vorbereitung – Kenntnis der Melodien, Texte und Rhythmen, Planung der Singzeit und Ausprobieren des Anstimmens – werden Sie allmählich sicherer werden. Es bedeutet vielleicht harte Arbeit, aber sie lohnt sich. Und wenn die Kinder beim letztenmal tüchtig über einen Fehler gelacht haben, warum sollte er wiederholt werden? Sie haben ja in der Zwischenzeit geübt und gearbeitet.

Es kann vorkommen, daß Kinder, die am letzten Sonntag gern mitsangen, plötzlich wie umgewechselt erscheinen. Sie sind nur mit äußerster Mühe zum Singen zu bewegen und machen nicht mit. Dann ist es weise, Sie nicht zu zwingen, sondern sich mit einem oder zwei Liedern zu begnügen. Der Beweggrund ihres Verhaltens kann in äußeren Umständen (z.B. Wetter) liegen oder innerlich bedingt sein. Es besteht kein Grund zur Entmutigung. Schon am nächsten Sonntag kann es anders sein.

4. Hand-bewegungen Wenn Sie eine Gruppe Kinder richtig beim Singen leiten wollen, ist es gut, das durch Handbewegungen zu unterstreichen. Sind allerdings die Lieder mit Texttafeln, Bildern oder beidem illustriert, wird es genügen, sie einfach so hoch zu halten, daß die Kinder sie gut sehen können. Manch einem zagenden Helfer hat das am Anfang Mut gegeben. Stellen Sie sich vor die Kinder, schauen Sie alle freimütig an, nicht aus Verlegenheit immer nur eins, und gebrauchen Sie Ihre Hände. Es ist notwendig, daß die Kinder in Tempo und Rhythmus geführt werden. Dazu brauchen sie Leitung.

Der gemeinsame Anfang beim ersten Ton, mit dem ersten Wort, ist wichtig. Alle setzen ein. Winken Sie ab, wenn es nicht gleich klappt. Kinder merken sich das schnell und sind auf die Dauer von einer guten Leistung selbst befriedigter. Es spornt sie zu größerer Aufmerksamkeit an. Wenn Sie dirigieren, müssen Ihre Handbewegungen fest und energisch sein. Beobachten Sie sich vor dem Spiegel. Probieren Sie es nach irgendwelcher Musik, die Sie hören. Die Bewegungen müssen einen Sinn haben und auch von den Kindern erkannt werden können.

D. Ein neues Lied wird gelehrt

Gehen Sie mit Freude an diese Aufgabe. Das Lied ist nicht Lückenbüßer oder Zeitvertreib. Wieviel kann es im Leben des Kindes bedeuten? Wenn Sie vom Wert eines Liedes nicht überzeugt sind, rechtfertigt es nicht die Zeit, die zum Einstudieren gebraucht wird.

Die Kinder kennen die Worte noch nicht. Noch nie haben sie die Melodie gehört. Darum ist es am besten, den ersten Vers des Liedes vorzusingen, damit sie gleich den ganzen Überblick haben und Lust bekommen, es zu lernen. Ist es ein Lied mit Handbewegungen, sollten sie gleich mitgeübt werden. Beim erstenmal kostet es Überwindung. Aber woher sollen die Kinder wissen, daß Sie es zum erstenmal tun? Wenn Sie nicht gut allein singen können, bringen Sie einigen Kindern das Lied vorher bei, damit sie es in der Stunde vorsingen können. Dabei gewinnen Sie begeisterte Mitarbeiter und werden erleben, wie die andern Kinder das neue Lied gern mitsingen. *1. Nichts voraussetzen*

Von den 60 Minuten der Sonntagsschulzeit und des Kindergottesdienstes bleibt nur wenig Zeit zum Lernen eines neuen Liedes übrig. Der kürzeste Weg besteht im gründlichen Arbeiten. Fehler müssen bemerkt und verbessert werden, bevor sie sich einsingen. Wenn ein Fehler zu hartnäckig wiederkehrt, kann es unter Umständen erforderlich sein, weiteres Üben bis zum nächsten Sonntag aufzuschieben. *2. Gründlich lernen*

Nachdem das Lied vorgesungen wurde, sollte es erklärt werden. Vielleicht genügt das Herausgreifen einiger schwerer Wörter oder der Hinweis auf eine besondere Aussage im Text. Ein Fünfjähriger sang strahlend das neue Lied: Horch, wie des Hirten Ruf erschallt. Dort heißt es am Schluß: Kommt zu *3. Gute Erklärungen erleichtern das Lernen.*

mir aus der Welt Gewirr. Das konnte er nicht verstehen. Es war nicht erklärt worden, und der Kleine half sich, indem er sich an den Wortklang hielt: Kommt zu mir aus der Welt Klavier!

In manchen Fällen ist vor dem Singen des ersten Verses eine Hinführung zum Liedtext von großem Wert. Der Leiter kennt die Botschaft des Liedes und weiß, warum es gerade jetzt an die Reihe kommt. In wenigen Worten, weil ja Singzeit ist, wird das Lied in den Ablauf der Stunde eingebaut. Geben Sie die Botschaft des Liedes mit eigenen Worten wieder, um dem Kind eine Gedächtnisstütze zu geben.

Wenn Kinder von ihrem Wissen und Erleben her zu einer rechten Verbindung zu diesem neuen Lied kommen, ist ihr Interesse geweckt. Das kann auf verschiedene Weise geschehen:

Ein Erlebnis, in dem das Lied eine Rolle spielt.

Eine Begebenheit aus dem Leben des Dichters oder Komponisten. Kinder sind sehr beeindruckt, wenn sie hören, wie ein Loblied in einer Zeit tiefster Not entstand.

Eine besondere biblische Wahrheit, die das Lied ausdrückt.

Ein Bild, das den Sinn des Liedes darstellt.

Eine Frage. Ein Hinweis auf Besonderheiten der Melodie.

4. Mithilfe des Instrumentalisten

Oft wird die Erfahrung gemacht, daß Kinder ein neues Lied leichter behalten, wenn auf der Orgel, Klavier oder einem anderen Instrument die neue Melodie leise vor Beginn der Stunde gespielt wurde. Sie nehmen das Neue unbewußt auf.

5. Wiederholung ist notwendig.

Beim Lernen geht nichts über Wiederholung. Doch nicht Wiederholung in einer starren und darum langweiligen Form, sondern auf alle mögliche Weise. Es darf nicht monoton werden. Wenn Kinder das neue Lied gern singen und »noch einmal« rufen, kann ihrem Wunsch hier und da nachgegeben werden. Doch sollte das nicht die Regel sein.

Wie kann ein Lied mehrmals gesungen werden, ohne daß die Kinder die Wiederholung empfinden? Einige Vorschläge zeigen, wie Wiederholungen abwechslungsreich gestaltet werden können:

a) Der Vers wird nach dem ersten Vorsingen langsam und deutlich gelesen, eventuell Zeile für Zeile. Man kann dabei Fragen stellen, um das Gehörte zu vertiefen. Ist das Lied leicht, sollte man gleich Text und Melodie zusammen nehmen.

b) Beim zweiten Vorsingen können die Kinder leise mitsummen.

c) Wenn der Text schwer ist, sprechen Sie ihn leise mit den Kindern.

c) Dann können die Kinder leise mitsingen. Das ist wichtig, damit sie die Stimme des Lehrers, der führt, gut hören und beachten können. Der Vers wird gleich noch einmal gesungen, damit sie sicher und befriedigter werden.

e) Haben Sie zwei etwa gleichstarke Gruppen von Jungen und Mädchen, so können zuerst die Mädchen singen, danach die Jungen und zum Schluß alle zusammen. Dafür ist es aber wichtig, daß die Jungen gern singen, weil es sonst zu keinem echten Wettstreit kommt. Sonst erweist sich eine Trennung nach dem Alter als vorteilhafter.

f) Nun ist dieser Vers schon sechsmal gesungen worden, und es kann sein, daß eine gewisse Müdigkeit eingesetzt hat. Dann ist es besser abzubrechen und das neue Lied erst am Ende der Stunde noch einmal zu singen, oder es bis zur nächsten, vielleicht übernächsten Woche ruhen zu lassen. Wenn die Kinder das neue Lied gern mitsingen, können wir auf dem Höhepunkt der Begeisterung abbrechen, um einen gewissen Anreiz für das nächste Mal zu behalten!

E. Illustrationen

Die meisten Kinder sind beim Singen gewöhnt, ein Gesangbuch oder Liederbuch in der Hand zu halten. Was können wir tun, daß sie alle nach vorn sehen und wir damit eine echte Gemeinschaft erreichen?

Verschiedene Lieder können in schwarzer Tusche auf weiße Leinwand geschrieben werden, und sind so von Gruppen bis zu 100 Kindern gut sichtbar. *1. Die Benutzung der Wandtafel*

Wir schneiden Bilder aus, bekleben sie mit Flanell und legen sie bei den passenden Zeilen an die Tafel, z.B. geeignet bei: *2. Flanelltafel*

Stern, auf den ich schaue
Stern, Felsen, Führer, Stab, Brot, Quelle, Ziel.

Die Bibel ist ein Hammer
Offene Bibel, Hammer, gespaltener Felsen, Leuchte, Weg, Licht im Sturm.

Texte mit Bildern werden auf verschiedene Kartons geschrieben. Z. B.: »Ein reines Herz« oder »Der Himmel steht offen«: *3. Kartontafeln*

Schwer zu lernende Lieder oder solche mit mehreren Strophen sollten illustriert werden. Lieder mit Handbewegungen dagegen singen sich so leicht ein, daß die Mühe des Zeichnens und Schreibens nicht notwendig ist.

Diese Vorschläge sind in der Praxis nicht immer in derselben Art durchzuführen. Prüfen Sie, was für Sie am besten paßt. Es kann sein, daß die Kinder durch zu lange Erklärungen gelangweilt werden und überhaupt keine Lust mehr haben, das neue Lied zu lernen. Man kann sie nicht zwingen. Das ist auch nicht Aufgabe und Sinn unseres Singens. Die Kinder müssen nicht, sie dürfen singen! Manchmal sind dieselben Kinder, die vor einer Woche ein neues Lied mit Begeisterung lernten, zu träge, zu gelangweilt, um ein anderes zu versuchen. Dann bleibt es ungesungen, auch wenn es das passendste Lied für diesen Tag gewesen wäre.

Man kann auch das Gegenteil erleben; z. B. hatten wir mit einer Gruppe von Kindern trotz der Fragen, ob dieses Lied nicht zu schwer sei, ein langes Lied in Angriff genommen. Ob die Kinder das mochten? Ein-, zweimal sangen wir es durch. Es ging ein bißchen zäh, träge. »In der nächsten Stunde probieren wir es wieder!« – Die nächste Stunde kam. Ich hatte kaum den Mut, dieses Lied vorzuschlagen, obwohl ich es angekündigt hatte, und dachte: Die Kinder werden es nicht merken. Da, ein Finger, Klaus rief: »Wann singen wir das neue Lied?« Überrascht fragte ich: »Wollt ihr das denn?« »Na klar. Ich kann schon die zweite Stimme.« Einige sangen es mit solcher Begeisterung vor, daß die ganze Gruppe gepackt wurde und es am Ende der Stunde zu ihrem Lieblingslied erklärte.

Es gibt Lieder, zu denen die Kinder erst allmählich ein Verhältnis bekommen. Singen Sie diese in den Stunden hin und wieder zwischen Liedern, welche die Jungen und Mädchen gern haben. Ein Lied dagegen, das sie besonders gern haben, sollte nicht immer gesungen werden; denn das schönste Lied – zu oft gesungen – verliert an Wert und Bedeutung.

F. Die Einteilung der Singzeit

»Ist es wirklich nötig, 10 Minuten zu singen? Genügt nicht ein Lied am Anfang, eins in der Mitte und eins am Schluß? Die Kinder sollen doch das Wort hören.« Diese Argumente werden oft vorgebracht.

Richtig! Aber sind die Herzen durch verschiedene Lieder zum Hören bereit, spart man lange, mühevolle Einleitungen bei der Geschichte. Es erfordert andauernd neue Gedanken, wenn man ein interessantes und wertvolles Singen beibehalten will, das zudem in jeder Stunde ein wenig anders ausgerichtet sein sollte.

Was ist das Thema der biblischen Geschichte? Danach richtet sich auch die Auswahl der Lieder. Natürlich muß nicht jedes Lied dazu passen, aber je näher wir dem Ende der Singzeit kommen, desto mehr sollten Lieder und Themen übereinstimmen. Besonders wenn ein neues Lied geübt wird, sollte es in seinem Inhalt zur Botschaft hinführen oder sie unterstreichen.

Grundsätzlich unterscheiden wir drei Hauptgruppen von Liedern:

In den Chorälen wird Gott selbst angeredet: Seine Weisheit, Schöpfermacht und Größe, sein Heilsplan sind Gegenstand des Lobes, der Anbetung. Bewußt wird der Blick von uns auf Gott gelenkt. Sehr oft werden Kinder die Tragweite dieser Lieder nicht fassen können. Trotzdem heißt es: Sie lehren und mit ihnen singen. Die alten Melodien und Texte sind schwer zu lernen, und doch braucht das Kind den Choral. Es muß

1. Der Choral

115

lernen, vor dieser unbegreiflichen Größe Gottes stillzustehen und sie anzubeten.

2. Das Evangeliumslied

Es ist leicht zu singen und beschäftigt sich mit uns Menschen und unserer Einstellung zu göttlichen Dingen. Einladung zum Heil, Freude der Errettung, Hingabe, Gehorsam, Vertrauen im täglichen Leben und Gebet sind Themen, die wir den Kindern nahebringen können.

3. Chorusse, Kanons

Ähnlich verhält es sich mit den Chorussen, die ursprünglich Kehrreime der Evangeliumslieder waren und dann selbständig verwendet wurden. Ihr Vorteil besteht darin, einen bestimmten Gedanken in kurzer Form auszudrücken, der am schnellsten im Gedächtnis des Kindes haften bleibt. Es gibt Chorusse mit Handbewegungen, die besonders von den Kleineren gern gesungen werden und sich am besten einprägen, weil Auge, Ohr und Hand dabei gebraucht werden, und die Kinder alles einsetzen können. Bei der Auswahl der Lieder ist auf das Alter der Kinder zu achten. In der Regel singen größere Kinder nicht gern Lieder mit Handbewegungen. Es gibt aber hier und da Ausnahmen.

Kinder singen meistens sehr gern Kanons, weil sie das Mehrstimmige lieben.

Bei der Planung der Lieder soll auch die Reihenfolge der verschiedenen Lieder überlegt werden. Die Freude am Gesang der leichter verständlichen Lieder überträgt sich auf einen Choral, oder Kinder entdecken ähnliche Gedanken in einem Lied, das ihnen bisher langweilig war. Am Anfang der Stunde können lebhaftere Lieder gesungen werden, aber kurz vor der Geschichte sollten sie durch ruhigere abgelöst werden. Vermeiden Sie Pausen zwischen den Liedern, sonst werden die Pausen von den Kindern ausgefüllt. Wenn die Gruppe sehr lebhaft ist, warten Sie mit den schnellen, begeisternden Liedern. Es könnte sein, daß die Aufmerksamkeit der Kinder Ihnen für den Rest der Stunde entgleitet.

Wunschlieder sollte man nie aus Verlegenheit nennen lassen, wenn man einmal nicht weiß, was man singen soll. Manchmal haben die Kinder nämlich gar keinen Wunsch!

Eine musikalische Begleitung ist sehr gut, falls sie sich einfügt und nicht eigenwillig Ton und Rhythmus bestimmt. Auch in der Lautstärke darf das Instrument nicht vorherrschen. Die Kinder werden entweder davon erdrückt und

116

singen leise oder versuchen sie zu übertönen, indem sie schreien.

In einem großen Flüchtlingslager schien es unmöglich, die 150 Kinder zum rechten Singen zu bringen. Sie brüllten und grölten aus Leibeskräften, und ein junger Mann, ein Mitarbeiter, übertönte sie noch mit seinem Akkordeon. Was tun? Eine der beiden Kinderarbeiterinnen schlug ruhig vor: »Wir wollen jetzt einmal darauf achten, wie sich das nächste Lied anhört, wenn wir es so leise singen, wie wir können. Damit wir das besser feststellen können, bleibt das Akkordeon mal ganz still!« (Als Mitarbeiter werden wir nie vor Kindern irgendeine Differenz besprechen oder gar jemanden zurechtweisen!) Die Kinder stutzten – und versuchten, leise zu singen. Auf die Frage: »Was hat euch besser gefallen?« entschieden sich 90 % für die zweite Art. Ja, sie waren sehr zufrieden mit ihrem »schönen« Singen.

Und das sollen sie sein. Befriedigt, aufgelockert, froh. »Am meisten freue ich mich auf das Singen bei der Kinderstunde im Radio. Dann mache ich alle Fenster auf«, schreibt Silke, »damit die andern draußen es hören können, und dann singe ich mit. Auch mein kleines Schwesterchen kreischt dazwischen. Die hat das Singen auch so gern.«

VI. Das Gebet in der Kinderstunde

Die Sonntagsschule war vorbei. Der Leiter stand auf: »Kinder, ihr habt eben gehört, daß Tante Ruth zu einer neuen Arbeit fährt. Sie hat uns gesagt, wir möchten für sie und auch für die Kinder beten, die die Stunden besuchen werden, weil die Arbeit besonders schwer sein wird. Wollen wird das gleich jetzt tun?« Sein Blick glitt langsam über die Jungen und Mädchen, die vor ihm saßen. Einige nickten entschieden. Dann trat Stille ein. Aber nicht lange; eins nach dem anderen dieser Kinder begann zu beten, einfach, vertrauensvoll. Und ich saß mitten unter ihnen und wurde emporgetragen vor den Thron Gottes. Neu gestärkt machte ich mich nach Schluß der Stunde auf den Weg in die Stadt, in der die neue Kinderwoche stattfinden sollte. Gegen Ende der Woche tauchten eines Nachmittags sechs 12jährige Jungen auf. Sie waren mit den Rädern die 20 km gefahren. Direkt nach der Begrüßung fragte Jochen: »Tante Ruth, wir wollen gern sehen, wie es dir hier geht. Kommen viele Kinder?« »Die andern müssen es am Sonntag erfahren«, fügte Martin hinzu. Sie hatten die letzte Sonntagsschulstunde nicht vergessen und wollten nun wissen, wie Gott auf ihre Gebete geantwortet hatte.

Warum fuhren diese Jungen so viele Kilometer? Weshalb waren sie am Wirken Gottes interessiert? Kam das »von selbst«? – Natürlich nicht. Die Fürbitte für diese neue Arbeit war nicht »von selbst« gekommen. Kinder müssen angeleitet werden.

Da ist der kleine Samuel im Tempel. Treu dient er dem Hohenpriester Eli von frühmorgens bis abends. Er kann noch nicht predigen. Er ist ein Kind, das seine Mutter in das Haus Gottes gebracht hat, um ihr Versprechen vor Gott zu halten. Samuel hält den Tempel sauber. Er trägt die Asche fort, sorgt für frisches Wasser. Es gibt ja so viele kleine, unscheinbare Dinge zu tun, die kein anderer bemerkt! Die Mutter hat ihm früh erzählt, warum er von den Eltern weg muß und so anders aufwächst als die Jungen in seinem Dorf. Im Tempel gehorcht er Eli und ist ihm untertan. Aber "er dient dem Herrn"! Sicher ist es für den Kleinen nicht immer leicht, wenn ihn das Heimweh überfällt. Wenn er zurechtgewiesen wird. Wenn er so allein ist unter den vielen Erwachsenen! Doch Gott sieht sein Herz, seine Bereitschaft, seine Treue: Und eines Tages geschieht etwas, das Samuels Leben völlig verändert.

Es ist Nacht. Der Junge liegt und schläft im Tempel. Da hört er seinen Namen, springt auf, läuft zu dem alten Hohenpriester: »Hier bin ich, du hast mich gerufen!«

»Nein«, antwortet der alte Mann verwundert. »Ich habe dich nicht gerufen. Leg dich nur schlafen.« Nach kurzer Zeit hört Samuel die Stimme noch einmal und wird zum zweitenmal zurückgeschickt. Als er zum drittenmal vor Eli steht: »Hier bin ich, du hast mich gerufen«, wird der Hohepriester aufmerksam. Was kann das sein? Sollte Gott den Knaben rufen? Obwohl er schon lange Hohepriester ist, kennt er Gottes Stimme kaum noch. Deshalb hat er Samuel nicht davon erzählt, ihn nicht gelehrt, wie es ist, wenn Gott spricht. Doch jetzt ist es Zeit. »Wenn du noch einmal gerufen wirst«, sagt er eindringlich, »dann antworte: Rede, Herr, denn dein Knecht hört.«

Mit welchen Gedanken sich der Junge auf sein Lager gelegt hat, vermögen wir nicht zu sagen. Was mag durch sein Herz gezogen sein? Vielleicht hat er gar nicht mehr schlafen können. Da! Die Stimme ruft zum viertenmal. Samuel ist bereit. Gehorsam antwortet er, wie er gerade gelernt hat: »Rede, Herr, denn dein Knecht hört.«

Warum mußte Gott viermal rufen? Das Kind war so abhängig von dem Erwachsenen, daß es, obwohl es Gott bereits diente, die Stimme Gottes noch nicht kannte. Es war ihm nicht gesagt worden.

A. Persönliche Voraussetzung

Wer darf den Kindern den Weg zur Gemeinschaft zeigen, zum Reden mit Gott? Dieses Vorrecht fordert große Verantwortung. Wer kennt eine persönliche tägliche »Stille Zeit«, in der er mit Gott spricht und auf seine Stimme hört? Das ist nötig, denn wie kann er sonst dem Kind praktisch helfen? Ist

es uns ein Bedürfnis, an der Gebetsstunde der Gemeinde teil-
zunehmen? Wenn es noch nicht so ist, wo liegt der Hin-
derungsgrund? Gott ist bereit, dieser Not zu begegnen.

B. Was ist das: Gebet?

Bevor ein wiedergeborenes Kind richtig beten lernen kann,
muß es wissen, was Gebet bedeutet. Sehr oft haben Kinder
durch ihre Beobachtungen den Eindruck: Gebet ist etwas
Geheimnisvolles, etwas, das man nicht verstehen kann. Es
muß dunkel sein, man muß die Augen zumachen und spricht
mit jemandem, den man nicht sieht. Sie müssen erkennen lernen: Gebet ist Reden mit Gott. Und je mehr sie mit Gott sprechen, desto mehr werden sie lernen, verständig zu beten.

Ist es nicht im natürlichen Leben mit dem Verhältnis der
Kinder zu den Eltern ähnlich? Das kleine Kind weiß noch
nicht viel mehr als: "bitte", "danke", "gib". Wird es größer,
formuliert es die Bitten sorgfältig, lernt den Grund angeben;
und noch später weiß es schon, wonach es fragen kann. Es hat
Vertrauen zu den Eltern und wird sich auch mit ihnen unterhalten wollen, ohne daß bestimmte Bitten vorliegen. Es verlangt nach Rat und Hilfe, nach Weisung oder Bestätigung,
nach dem Zusammensein, nach der Gemeinschaft mit den
Eltern. Es geht auf die Gedanken der Eltern ein und erfährt das
Beglückende der Gemeinschaft.

Kinder sind am Anfang hilflos. Ein Mädchen steht vor mir.
Seit einigen Tagen gehört sie dem Herrn Jesus. »Ich möchte
auch so beten können wie andere. Wie kann ich das lernen?«
Erwartungsvoll schweigt sie. »Es ist nicht nötig, daß du so
betest wie andere, aber du kannst beten lernen, indem du es
tust.« »Was meinst du damit?« »Ich könnte dir jetzt einen
Vortrag über das Beten halten, aber das würde dir nicht helfen.
Fang heute an zu beten und dann mach morgen weiter.« »Aber
ich kann es doch noch nicht«, wendet Simone ein. »Weißt du
noch, wie du schreiben gelernt hast? Die Lehrerin erzählte
euch: Jetzt müßt ihr die Hand so halten. Dann den Stift nehmen und nach rechts ziehen. Dann führt ihr die Hand nach
unten und macht einen Halbkreis...« »Nein«, unterbricht sie,
»die Lehrerin hat es uns vorgemacht, und wir haben es einfach

nachgemacht.«»Klappte das sofort?«»Nicht gleich. Wir mußten lange üben.«»Aha, ihr mußtet lange üben. Du würdest niemals schreiben gelernt haben, wenn du nur zugehört und deine Freundinnen und die Lehrerin beobachtet hättest, du mußtest es selbst tun. Wir lernen alles durch Übung. Auch das Beten.«»Und wenn ich es nicht so schön kann?«»Das macht nichts. Sprich mit Gott. Er hört dich. Sag ihm was in deinem Herzen ist.« Simone ist zunächst enttäuscht, weil sie keinen anderen Rat bekommen hat, aber einige Tage später meint sie glücklich:»Es geht schon besser. Nur weiß ich nicht, ob Gott überhaupt hören will, was ich sage. Er kennt doch meine Gedanken vorher. Warum muß ich sie aussprechen?« »Gott will uns hören. Sicher kennt er unsere Gedanken, aber er will sie aus unserem eigenen Mund hören. Er will, daß wir uns Zeit nehmen, um mit ihm zu reden.«

C. Praktische Erklärung des Gebets

Am besten kann man Kindern das Gebet an dem Verhältnis von Eltern und Kindern erklären: Eltern haben ihr Kind lieb und sorgen dafür. Obwohl sie wissen, was es braucht, freuen sie sich, wenn ihr Kind im Vertrauen zu ihnen kommt, sie um etwas bittet und ihnen etwas erzählt. *1. Das Familienverhältnis*

Die Eltern kennen ihr Kind und werden ihm nicht jeden Wunsch erfüllen, weil es in seiner Unkenntnis oft um Dinge bittet, die im Gebrauch gefährlich für ein Kind sein können. Es ist noch nicht groß genug, um verständig damit umgehen zu können. Manchmal habe ich Kinder gefragt:»Würde deine Mutti deinem Schwesterchen das scharfe Messer geben, um das es gebeten hat?« Erschrocken antworten sie:»Bestimmt nicht. Es würde sich ja schneiden oder viele Dinge kaputtmachen.«

Als weise Erzieher können Eltern ihrem Kind nicht jede Bitte erfüllen. Es würde durch den Besitz mancher Dinge, die es sich wünscht, unbescheiden, selbstsicher, überheblich und stolz werden. Auch einmal einen Wunsch verneinen zu können, gehört zur Erziehung des Kindes.

Aus manchen Gesprächen mit Kindern geht hervor, daß Kinder sich nicht vorstellen können, daß Gott sie hört. Sie haben im täglichen Leben zu oft erfahren: Vater oder Mutter haben doch nicht recht hingehört, wenn sie etwas zu erzählen hatten oder um etwas baten. Wie traurig berichten sie dann: »Ich habe keine Lust, zu Hause etwas zu sagen. Die haben doch keine Zeit für mich.«

Viele Kinder haben ernst gefragt: »Hört Gott zu, wenn ich ihm etwas sage? Ich bin ja noch klein.« Es geht ihnen gar nicht immer darum, daß sie unbedingt bekommen, um was sie bitten, sondern einfach um die Befürchtung, daß sie auch hier nicht ernst genommen werden könnten.

2. Biblische Geschichten

Um den Kindern zu helfen, die verschiedenen Arten des Gebetes zu verstehen, ist es am besten, biblische Geschichten zu erzählen, die zeigen, wie Gott mit den einzelnen Menschen gehandelt hat. Das macht ihnen Mut, mit Gott zu sprechen. Es warnt sie aber auch davor, gedankenlos zu plappern, weil sie sehen, wie genau Gott alles nimmt.

Gott ist ein vollkommen weiser und liebender Vater. Er kennt seine Kinder besser als ihre irdischen Väter, weil Gedanken und Gefühle vor ihm nicht verborgen bleiben können. Und er ist ein vollkommener Erzieher, der weiß, ob es gut tut, wenn alle Bitten erhört werden. Gott will Gebete erhören, aber niemand kann ihm vorschreiben, auf welche Weise er das tut.

3. Hindernisse der Erhörung

In Sprüche 28, 9 heißt es: »Wer sein Ohr abwendet, das Gesetz zu hören, dessen Gebet ist ein Greuel.« Gott ist sehr genau. Wenn Ungehorsam, Unwilligkeit, sein Wort zu hören, seine Gebote zu befolgen, eine Wand zwischen Gott und dem Menschen aufrichten, ist es unmöglich, daß Gott das Gebet dieses Menschen erhört. Gott, der das Herz kennt, will, daß jeder ehrlich zu ihm kommt. In Matthäus 15, 8 heißt es: »Dies Volk ehrt mich mit seinen Lippen, aber ihr Herz ist fern von mir; vergeblich dienen sie mir ...« Vergeblich dienen sie, vergeblich bitten sie. Gott kann nicht hören. Unehrlichkeit, Heuchelei bilden ein Hindernis. Deshalb sagt Gott in Sprüche 28 Vers 13 sehr ernst: »Wer seine Sünde leugnet, dem wird's nicht gelingen; wer sie aber bekennt und läßt, der wird Barmherzigkeit erlangen.« Kinder müssen das erkennen lernen. Wie oft hören sie: »Hier wollen wir ein Auge zudrücken.« »Einmal ist nicht so schlimm, laß dich nur nicht noch mal erwischen.« »Da bist du aber mit einem blauen

Auge davongekommen!« Mit dem Bekennen allein ist es nicht getan, es gilt, sich vom Bösen abzuwenden.

Gott sagt in seiner Gnade, daß »wenn uns unser Herz verdammt, Gott größer ist als unser Herz und erkennt alle Dinge« 1. Johannes 3, 20. Er macht Mut, zu ihm zu kommen und kennt die innere Bereitschaft des Herzens. Aber die rechte Freudigkeit zum Beten kommt erst, wenn unser Herz uns nicht verdammt, wenn wir »seine Gebote halten und tun, was vor ihm gefällig ist«. Zwei Kapitel weiter heißt es im selben Johannesbrief: »Und das ist die Zuversicht, die wir zu Gott haben: Wenn wir um etwas bitten nach seinem Willen, so hört er uns. Und wenn wir wissen, daß er uns hört, worum wir auch bitten, so wissen wir, daß wir erhalten, was wir von ihm erbeten haben« 1. Johannes 5, 14 - 15

Kinder beten zu lehren, ist »gefährlich«. Sie wollen nicht nur mit Gott reden. Sie werden Antwort erwarten. Ganz bestimmte Antwort. Und das bringt die Erwachsenen in eine ernste Prüfung. Zeigt es sich nicht, daß oft so allgemein gebetet wird, daß niemand merkt, wann Gott erhört? Kinder müssen durch verschiedene Erlebnisse aus der Heiligen Schrift belehrt werden, aber sie brauchen auch die persönliche Erfahrung, wie Gott heute Gebete erhört. Und das nicht nur in großen Dingen, sondern gerade im Alltag. Das Leben besteht viel mehr aus Alltag als aus großen Erlebnissen.

4. Gebetserhörungen

Es geht darum, Gottes Verheißungen zu kennen, danach zu beten und zu handeln. In 5. Mose sagt Gott: »Siehe da, das Land vor dir. Zieh hinauf und nimm's ein, wie der Herr, deiner Väter Gott, dir verheißen hat. Fürchte dich nicht.«

Gott antwortet auf das Gebet. Er sagt oft »ja«, manchmal auch »nein« und manchmal »warte«.

Er sagt ja, wenn die Bitte mit seinem Willen übereinstimmt, wenn sie in seinem Namen geschieht, das heißt seiner Art, seinen Gedanken entspricht. Im Lauf der Zeit lesen die Kinder Bibelstellen wie z. B. »Bittet, so wird euch gegeben, suchet, so werdet ihr finden, klopfet an, so wird euch aufgetan.« Matthäus 7, 7. Das ist Gottes große Ermunterung zum Gebet. »Und alles, was ihr bittet im Gebet, wenn ihr glaubt, so werdet ihr's empfangen.« Matthäus 21, 22. Im Glauben beten heißt, Gott zuzutrauen, daß er auch bei uns sein Wort wahrmacht.

a) Gottes Antwort kann »ja« lauten.

»Bisher habt ihr um nichts gebeten in meinem Namen. Bittet, so werdet ihr nehmen, daß eure Freude vollkommen sei.« Johannes 16, 24. In Jesu Namen dürfen wir beten.

»Wenn zwei unter euch eins werden auf Erden, worum sie bitten wollen, so soll es ihnen widerfahren von meinem Vater im Himmel.« Matthäus 18, 19. Besondere Verheißung liegt auf dem gemeinsamen Gebet. Kinder da hineinzuführen, ist nicht leicht, aber sie müssen ermuntert werden, besonders wenn mehrere in einer Familie sich für den Herrn Jesus entschieden haben. In einer Familie kennt man sich und kann im Gebet schlecht »fromme« Worte machen, ohne daß einer der Angehörigen es zurechtweisen könnte. Eine junge Frau erzählte: »Ich habe als Kind durch meine jüngere Schwester eine wichtige Lektion gelernt. Wir beide beteten abends immer zusammen. Und weil ich Karla tagsüber gewöhnlich ärgerte, bat ich den Heiland abends um Vergebung. Aber ich hatte nie daran gedacht, mich zu ändern. Eines Abends bat ich wie gewöhnlich um Vergebung für mein Ärgern, als Karla mich energisch unterbrach: »Lieber Heiland, das brauchst du nicht zu hören. Sie meint es doch nicht ernst.« – Plötzlich erkannte ich, wie ich gewohnheitsmäßig immer wieder dasselbe plapperte. Daraufhin lernte ich allmählich, meine Schwester anders zu behandeln.

Die Kinder sollen aber nicht nur einzelne Bibeltexte über das Gebet hören, sondern auch biblische Geschichten, die deutlich machen, wie Gott auf verschiedene Weise erhört und antwortet. Z.B.:

1. Mose 18: *Abraham tritt für Sodom und Gomorra ein.*

1. Mose 21, 17: *Ismael ruft in auswegloser Not zu Gott.*

1. Mose 24: *Abrahams Knecht Elieser bittet um die Führung Gottes.*

2. Mose 17: *Moses anhaltendes Bitten brachte den Sieg.*

4. Mose 21: *Die eherne Schlange. Gott beantwortet und erhört das Gebet des Mose auf seine Weise.*

Daniel 3: *Die drei Männer im Feuerofen.*

Markus 7: *Die heidnische Frau.*

Wenn die Erhörung für uns nicht gut wäre, wenn Gott seine Strafe bereits angekündigt hat oder Bewährung im Leid nötig ist, verweigert Gott die Erhörung unserer Bitten. Beispiele: 5. Mose 3, 23-29 zeigt den Ernst der Strafe Gottes; 2. Korinther 12, 7-9: der »Pfahl im Fleisch« mußte bleiben.

b) Gottes Antwort kann auch »nein« heißen.

Gott läßt den Einzelnen manchmal lange auf die Erhörung seines Gebetes warten. Der Beter ist vielleicht noch nicht bereit. Die Sache, um die er bittet, ist ihm zunächst noch nicht so wichtig, wie sie es durch anhaltendes Gebet wird. Anhaltend Beten ist eine schwere Lektion, die nur in der Praxis gelernt werden kann, z.B.:

c) Gottes Antwort bedeutet vielleicht: »warte«.

Lukas 18:   *Das Gleichnis der bittenden Witwe.*

Oft geht es auch durch Prüfungen und Reinigung; denn es kann sein, daß Sünde die Erhörung aufhält, z.B.:

Josua 7:   *Achans Diebstahl.*

Wenn Gott manches Gebet nicht sofort erhört, so kann das auch einen anderen Grund haben.

In Daniel 9, 23 spricht Gott von einem gewaltigen Kampf in der unsichtbaren Welt, als Daniel eine Gebetserhörung erleben sollte.

Es wird nicht möglich sein, das Kind sofort mit allen diesen Tatsachen vertraut zu machen. Aber es muß von der Bibel her hören, wie Gott gehandelt hat und heute noch handelt, weil er sich nicht verändern kann. Je mehr das Kind weiß, um so mehr Zutrauen wird es bekommen, mit Gott zu reden. Und eigene Gebetserhörungen werden die Zuversicht stärken und vertiefen.

Oft genügt es nicht, Begriffe wie: »Im Namen Jesu« beten, »im Glauben« oder »nach dem Willen Gottes« beten, nur einmal zu erklären. Die Bibel bietet eine Fülle von verschiedenen Geschichten, von jeweils verschiedenen Menschen erlebt, die diese Themen dem Kind immer wieder von anderen Seiten aus nahebringen.

D. Der Beginn der Gebetszeit in der Kinderstunde

Es wird unmöglich sein, den Kindern eine biblische Geschichte zu erzählen und dann zu erwarten, sie könnten und würden jetzt ohne Scheu miteinander beten. Viele Kinder sprachen zum erstenmal ein freies Gebet, als sie zum Herrn Jesus kamen. Man kann in diesem Punkt nichts voraussetzen.

1. Die Vorbereitung zum Gebet

Um zur rechten Stille zu kommen, kann als Überleitung ein ruhiges Lied gesungen werden, z. B.:

a) Die Stille

Lobe den Herrn meine Seele

Gott ist immer noch Gott

Christi Blut und Gerechtigkeit

Den Namen hör' ich gar zu gern

Er bleibt getreu

Er litt für mich

Gott hört zu

Gott ist immer bei mir

Ja, ich glaub', Gott hört Gebet

Laß uns beten zu dem Herrn

Rufe zu Gott früh am Morgen

Trau auf den Herrn

Eine andere Möglichkeit ist, gemeinsam leise eine Verheissung über das Gebet zu sprechen oder eine Gebetserhörung als Zeugnis zu erzählen.

b) Die äußere Haltung

Da die Kinder aus verschiedenen Häusern kommen, kennen sie unterschiedliche Gebetshaltungen. In manchen Familien wird auch heute vor und nach Tisch nur stehend gebetet, während sich bei anderen eine gewisse nachlässige Haltung beim Gebet eingebürgert hat. Deshalb ist es im Interesse der Kinder nötig, hier und da einige Worte über unsere äußere Haltung zu sagen. Natürlich bleibt es vor Gott gleich, ob wir sitzen, stehen oder knien, aber unsere Ehrerbietung sollte auch in der äußeren Haltung Ausdruck finden.

2. Das Danken

Nachdem in den ersten Stunden verschiedene Dinge genannt wurden, für die Kinder danken können, werden sie dazu ermuntert, es nun auch wirklich selbst zu tun; z. B.: »Jeder dankt nur für eins, damit möglichst alle an die Reihe kommen.« Wenn die Kinder so kurz beten und es ja ein gemeinsames Gespräch mit dem Herrn Jesus ist, genügt es, wenn nur der Leiter am Ende mit »Amen« schließt. Vielleicht wird es möglich sein, nach einiger Zeit zwischen den Gebeten ein »Amen« einzuschieben, aber dazu müssen die Kinder erst die Bedeutung des Wortes »Amen« verstehen.

Ob der Leiter am Anfang oder am Schluß betet, wird nicht immer gleich entschieden werden können. Aber er muß daran denken, nur wenig zu sagen und dabei einfache Wort zu gebrauchen, damit die Kinder nicht »erdrückt« werden und den Mut verlieren, mit ihren schlichten Worten sich ihm anzuschließen.

Es geschieht manchmal, daß ein oder zwei Kinder dem Herrn Jesus schon länger gehören und lange Gebete sprechen. Das kann von der Gewöhnung im Elternhaus herkommen, wo sie viele fromme Gebete hören. Kinder ahmen nach und sind überzeugt, daß sie »schön« beten können, wenn es nur lange dauert und aus vielen Worten besteht. Geschieht das zum erstenmal in der Gebetszeit der Kinder, sollte man es nicht unterbrechen und vor den andern Kindern zurechtweisen. Dieses Kind braucht ein persönliches Gespräch, vielleicht mehrere. In Geduld und Liebe gilt es ihm zu zeigen, daß es nicht darum geht, vor anderen zu »glänzen«, sondern ehrlich mit Gott zu sprechen und auch die andern zu Wort kommen zu lassen.

3. Kurze Gebete

Häufig kam es vor, daß um solcher Kinder willen eine Zeitlang das gemeinsame Gebet unterbrochen werden mußte, weil alles in fromme Redensarten ausartete. Die Erfahrung zeigt, daß gerade Kinder, die »schön« beten können, in ihrem täglichen Leben oft gar kein Zeugnis sind und keine persönliche Stille kennen. Hier gilt es zu helfen und zu zeigen, wie Gebet und Leben zusammengehören.

Es darf kein Zwang auf die Kinder ausgeübt werden, auch nicht der leiseste Druck. So schön es ist, wenn alle beten, brauchen auch Kinder Zeit. Es kann geschehen, daß bei den Kindern, die nicht beten, irgendeine innere Not vorliegt oder sie zu schüchtern sind. Einmal schrieb ein Mädchen: »Als wir damals im Zelt beteten, wollte ich auch so gern mitmachen, aber mir war geradeso, als ob mir einer den Hals zuhielt. Da habe ich mit dem Heiland in meinem Herzen gesprochen.«

4. Vorsicht vor Zwang

Nachdem die Kinder in mehreren Stunden gelernt haben zu danken, können sie das Bitten auf dieselbe Art lernen. Auf die

5. Die Tat muß dem Gebet folgen

VI. Das Gebet in der Kinderstunde

Aufforderung ihres Leiters nennen sie zunächst verschiedene Bitten. Es gilt, ihre Gebetsanliegen ernst zu nehmen.

Viele nennen z. B. »Daß mehr Kinder in unsere Gruppe kommen«, und sie beten dafür. Niemand aber geht hin, um Freunde oder Freundinnen einzuladen! Da muß erklärt werden, wie Gott helfen will und wie er erwartet, daß sie selbst gehen und einladen. Aber sie dürfen darum beten, daß die Kinder, die sie einladen, mitkommen. Manchmal gehen Kinder durch eine große Krise und lernen schon etwas kennen vom »Anhalten im Gebet«, wenn sie drei- bis viermal einladen, und das andere Kind kommt nicht mit. Das Kind wird gestärkt, wenn es erlebt: Die andern halten mit mir durch, bis Gott die Erhörung schenkt.

Es bleibt oft nicht nur beim Gebet um das Kommen neuer Kinder, wie folgendes Erlebnis zeigt: Ein Junge kam eines Tages zu seinem Prediger. In der Stunde hatte er gehört, welche Verantwortung auf jedem Gotteskind liegt, und daß es Freunde einladen soll, damit sie auch zu Jesus kommen. »Sie haben gesagt, wir sollen den Herrn Jesus bekennen. Ich habe auch einen Freund. Aber wenn ich ihm etwas sage, lacht er mich aus. Ich habe Angst, daß ich nicht sein Freund bleibe.« »Wie heißt denn dein Freund?« »Karl. Und ich habe ihn gern. Er ist ein prima Kamerad. Aber ich kann ihm nicht sagen, daß er zum Herrn Jesus kommen muß. Was soll ich nur machen?« Der Prediger antwortete: »Heinz, liegt dir wirklich etwas daran, daß Karl ein Gotteskind wird?« »Eigentlich ja.« »Bete für Karls Errettung dreimal jeden Tag, und ich werde auch für ihn beten.« »Und Sie meinen, ich brauche ihm nichts zu sagen?« »Nein, du darfst ihm nicht einmal etwas sagen, darum möchte ich dich bitten.« Erleichtert meinte Heinz: »Gut, das tue ich bestimmt jeden Tag.«

Wochen vergehen. Endlich steht derselbe Junge wieder vor dem Prediger. »Bitte, erlauben Sie mir, mit Karl zu sprechen. Ich habe so viel für ihn gebetet. Er ist noch immer verloren. Ich muß es ihm sagen, damit er es weiß. Vielleicht kommt er doch zum Heiland. Darf ich es jetzt sagen?«

»Hast du keine Angst mehr, daß er nicht dein Freund bleibt?« »Ich weiß nicht«, zögert Heinz, »aber ich muß es ihm sagen, ganz gleich, was dann passiert.«

Kinder sind dankbar, wenn sie erleben, daß Erwachsene ihnen in ihrem Gebetsleben zur Seite stehen.

Eine lange Zeit hindurch ermunterte ich die Kinder, die sich in verschiedenen Kinderwochen entschieden hatten, ob sie nicht zu der Gruppe der »kleinen Beter« gehören wollten. Viele zusagende Antworten kamen. Ich bat sie, brieflich mitzuteilen, wofür wir besonders beten sollten. Tief bewegt hielt ich bald darauf viele Briefe und Karten in der Hand, in denen Kinder so offen über persönliches Verlangen und Schwierigkeiten in den Familien schrieben, wie ich es nicht für möglich gehalten hätte.

Ein Kärtchen mit bestimmten Gebetsanliegen für jeden Tag wurde gedruckt und versandt. Bald trafen Briefe von Kindern ein, die deutlich zeigten, wie treu sie im Gebet anhielten und mit welchem Eifer sie die Erhörung erwarteten. Vielen bedeutete das Wissen: »andere beten für mich«, eine große Stärkung. Eines Tages kam sogar ein kleines Päckchen.

»Ich möchte dir einfach diese Freude machen, weil ich dir gar nicht sagen kann, wie sehr ich mich freue, daß wir zusammen beten können. Bei uns ist jetzt schon manches anders geworden, aber ich habe auch gesehen, daß ich nicht immer richtig gehandelt habe.«

Neben dem gemeinsamen Gebet in der Kinderstunde sollen die Jungen und Mädchen zum persönlichen Gebet ermutigt werden. Für viele liegt da eine anscheinend unüberwindbare Schwierigkeit, weil es kein Zimmer gibt, in dem sie ein paar Minuten ungestört beten können.

6. Ermunterung zum Gebet zu Hause

»Wir wohnen so eng, daß ich nicht weiß, wo ich beten soll«, schreibt ein Junge. »Ich habe lange überlegt, und jetzt schließe ich mich auf der Toilette ein, dann kann keiner herein.«

»Ich gehe manchmal allein in den Wald, da kann ich mit dem Heiland reden«, schreibt ein Mädchen.

Und mehr als einmal kamen Briefe:

»Ich weiß gar nicht, wann ich in der Bibel lesen und beten soll.« Es folgte eine genaue Beschreibung des Tagesablaufs. »Bitte, sag mir doch, wann ich es am besten machen kann.« Es ist gar nicht so leicht, die passende Zeit zu finden. Die Tage der Kinder sind ausgefüllt, und gerade in dieser Frage werden Kinder in ihrem Elternhaus oft nicht ernst genommen und leiden darunter.

Weinend steht ein Mädchen vor ihrer Sonntagsschullehrerin: »Ich habe jetzt zweimal zu Hause vor dem Essen gebetet.

Meine Eltern haben erst gelacht, aber beim letztenmal haben sie es mir verboten. Ich möchte aber doch dem Herrn Jesus für das Essen danken. Was soll ich tun?« – Ein Besuch in der Familie war erforderlich. Aber der Vater wollte nichts von dem »frommen Kram« wissen. »Das ist gut genug für die Kirche!«

Die Helferin gab Andrea den Rat, leise für sich zu beten, und versprach ihr, mit ihr zu beten, damit die Eltern es erlaubten. Wochen vergingen. Andrea kam oft bedrückt in die Sonntagsschule, bis sie an einem Sonntag schon früh draußen wartete und gleich zu ihrer Helferin stürzte: »Stell dir vor, mein Vater hat gesagt: Wenn du es nicht lassen kannst, dann tu es meinetwegen!«

7. Schwierigkeiten in der gemeinsamen Gebetszeit

Gibt es keine Schwierigkeiten bei einer gemeinsamen Gebetszeit? Eine wurde schon genannt: Wenn Kinder schöne Worte machen und das Beten dadurch nicht mehr eine Begegnung mit Gott ist, sondern Routine.

Es kann Unruhe eintreten, die manchmal ein Zeichen für eine zu lange Gebetszeit ist. Vielleicht war die Überleitung zum Gebet nicht da, und die Kinder sind von ihrem vorherigen Erleben noch nicht zur Ruhe gekommen. Dann ist es besser, zu unterbrechen, um nach einigen erklärenden Worten wieder still zu werden zum Gebet. Aber oft ist es noch ratsamer, bis zur nächsten Stunde zu warten.

Sollte ein Kind oder mehrere Kinder plötzlich ein unterdrücktes Lachen hören lassen, heißt es sofort unterbrechen. Das Lachen kann verschiedene Gründe haben: Irgendein seltsames Wort hat die Kinder gereizt. Oder es sitzen gerade ein paar Unruhige zusammen, von denen leicht eins das andere ansteckt. Natürlich gibt es auch ein bewußtes Stören. Es kann nötig werden, mit den Kindern über die Gegenwart des Heiligen Gottes zu sprechen, doch ohne zu »moralisieren«. Meistens muß die Gebetszeit dann mit einigen Worten abgebrochen werden. Es geht niemals darum, den eigenen Plan durchzuführen, sondern dem Kind zu helfen, begreifen zu lernen, welch ein Vorrecht es ist, mit Gott zu sprechen.

Es treten andere unvorhergesehene Schwierigkeiten ein, aber Gott ist da, der Weisheit schenkt, um mit all diesen Problemen vor seinem Angesicht fertig zu werden. Der Feind Gottes greift gerade dieses Gebiet besonders an. Aber Jesus Christus hat den Sieg errungen. Das darf unsere Erfahrung werden.

130

VII. Sprüche lernen – leichtgemacht!

Unter den Erwachsenen, die eine der ersten Stunden unserer Kinderwoche besuchen, befindet sich ein Herr mit Kamera. Ein Zeitungsreporter! Einige Male blitzt es auf, aber bevor die Kinder es gemerkt haben, sitzt er schon wieder.

Nach der Stunde stellt er sich vor, fragt nach Einzelheiten und zeigt sich sehr interessiert.

»Ich habe noch nie gesehen, daß Kinder so schnell und gern gelernt haben. Und ich muß sagen, als ich die ganze Tafel voller dunkler Herzen sah, wurde das Bibelwort für mich selbst lebendig. Man kommt einfach nicht davon los, wenn man es gesehen hat!«

Am nächsten Tage konnten alle Einwohner der Stadt lesen: »Es ist hier kein Unterschied, sie sind allzumal Sünder«. Sie sahen es zweimal, an der fotografierten Tafel und im Begleittext des Artikels, der deutlich zeigte: Gottes Wort hatte Eingang in das Herz des Schreibers gefunden.

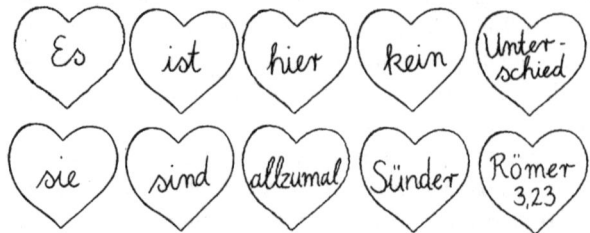

Ist es eigentlich so wichtig, daß Kinder damit »belastet« werden, wie manche meinen? Sollen sie Bibelverse auswendig lernen? Was sagt Gottes Wort dazu?

A. Das Wort im praktischen Leben

In Psalm 119, 11 steht: »Ich behalte dein Wort in meinem Herzen, damit ich nicht wider dich sündige.«

Herbert erfuhr es in seinem Leben. Er war erst zwölf Jahre alt und hatte sich wenige Monate vorher für den Herrn Jesus entschieden. Wie die meisten Jungen seines Alters spielte er gern Fußball. Und seitdem er zum Geburtstag einen neuen Ball bekommen hatte, ging es noch viel besser als vorher. Nur eins bedrückte ihn. Solange er gewann, ging alles gut. Wenn er aber einmal verlor, wurde er schnell böse und ungerecht. Es konnte vorkommen, daß er mit dem Fuß aufstampfte, seinen Ball ergriff und so das Spiel abbrach.

Nachher tat es ihm leid. Ja, es belastete ihn, weil er wußte: Ich bin kein Zeugnis für den Herrn Jesus, wenn ich mich so benehme und dann noch erkläre: Ich gehöre Ihm. – Ja, nachher! Aber in dem bestimmten Augenblick überkam es ihn mit solcher Macht, daß er versagte.

Vater und Mutter erklärten ihm, wie der Herr Jesus hilft und wie groß seine Macht ist. Manchmal ging es danach besser, doch blieb es ein ständiges Auf und Ab.

Wieder war Samstag. Die Sonne lachte vom Himmel. Schularbeiten gab es keine, und die Jungen waren natürlich vollzählig auf dem Fußballplatz, auch Herbert. Er hatte so darum gebetet, der Herr Jesus möchte ihm helfen, daß er glaubte: heute geht alles gut.

Es ging auch zunächst alles gut. Herberts Mannschaft gewann. Doch dann, gegen Ende des Spiels, schoß die Gegnermannschaft ein Tor nach dem andern. Jetzt stand es 5 : 3! Die andern brüllten vor Begeisterung. Da geschah es! Zornig rannte Herbert hinter seinem Ball her, ergriff ihn, schrie noch etwas Häßliches und rannte nach Hause.

So böse wie es in seinem Herzen aussah, funkelten auch seine Augen. Schon war er im Haus, knallte die Tür, stürmte ins Wohnzimmer, wo gerade nur die Mutter saß und schrie: »Mutti, es hat doch keinen Zweck! Jetzt habe ich so darum gebetet, und ich bin doch wieder mit meinem Ball hier. Der Herr Jesus hilft ja doch nicht!«

Erschrocken starrte die Mutter den wütenden und zugleich verzweifelten Jungen an. Aber sie konnte warten. Herbert mußte sich erst alles vom Herzen herunterreden. Alles. Sie unterbrach mit keinem Wort, sondern hörte aufmerksam zu, und im Stillen betete sie: Was kann ich ihm jetzt sagen; wie ihm helfen?

Endlich beruhigte sich der Junge.

»Wie kommt das nur, Mutti, daß es noch nicht besser geworden ist? Ich will es doch gar nicht tun!«

Da stand die Mutter auf, holte die Bibel und las ihrem Jungen Psalm 119, 11 vor.

»Sieh mal, Herbert«, fuhr sie dann ruhig fort. »Du willst das nicht tun. Ich weiß es. Und der Herr Jesus weiß das auch. Er vergibt dir jetzt, wenn du ihn darum bittest. Willst du das?« Herbert nickte.

»Aber Mutti, ich mag mich fast nicht mehr an ihn wenden. Immer muß er mir vergeben. Ich möchte das Häßliche erst gar nicht tun!«

»Dieser Vers zeigt uns einen Weg, Herbert«, antwortete die Mutter.

»Wie denn? Das kann ich nicht verstehen.«

Nach kurzem Überlegen stand die Mutter auf. »Komm mal mit in die Küche. Ich will dir etwas zeigen.«

Neugierig folgte ihr der zwölfjährige Junge und sah, wie die Mutter ein Glas nahm und einige Korken hineintat.

»Dieses Glas stellt jetzt dein Herz dar. Es gehört dem Herrn Jesus. Die Korken darin bedeuten Sünde: z.B. die häßlichen Worte, die du deinen Spielkameraden zugerufen hast, Haß und Wut, wenn du nicht gewinnen kannst. – Und dieses Wasser hier«, schon hielt sie eine Kanne mit Wasser in der Hand, »soll das Wort Gottes darstellen. Du liest ja in der Bibel, und manchmal lernst du auch einen Spruch.«

»Aber ich behalte ihn nicht immer«, fiel Herbert, neugierig geworden, ein. Die Mutter nickte.

»Paß auf, was geschieht.« Ein Strahl Wasser füllte das Glas bis zur Hälfte.

»Nun ist Gottes Wort in deinem Herzen, du hast es dir eingeprägt. Wenn jetzt aber die Versuchung an dich herantritt, und das Glas wird angestoßen, was kommt oben zuerst heraus?«

»Die Korken, weil sie auf dem Wasser schwimmen.«

»Richtig. Wenn wir nur ein bißchen in der Bibel lesen, nur einige Verse lernen, dann helfen sie uns nicht viel. Unser Herz sollte mit dem Worte Gottes erfüllt sein. Das bewahrt uns vor der Sünde. Sieh, so!« Und mit einem kräftigen Strahl Wasser füllte sie das Glas, so daß es überfloß und die Korken mit sich riß.

»Wir wollen das Wort Gottes nicht nur lesen, sondern die verschiedenen Verse vor allem lernen, damit wir sie, wie die Bibel sagt, uns einprägen, das heißt dann: »im Herzen bewahren«. Dann kommt das Gute daraus hervor. Der Herr Jesus sagte einmal: Aus der Fülle des Herzens redet der Mensch. Wenn dein Herz wirklich erfüllt ist vom Wort der Bibel, brauchst du nicht immer zu denken: Jetzt will ich mich nicht aufregen, jetzt will ich auch mal die anderen gewinnen lassen! Die Kraft des Wortes Gottes wird sich in deinem Leben auswirken. Das bedeutet natürlich nicht, daß dein ganzes Reden nun aus Bibelversen bestehen müßte.« Langsam sagte Herbert vor sich hin:

»Ich behalte dein Wort in meinem Herzen, damit ich nicht wider dich sündige.« Dann nickte er mit fast männlicher Entschlossenheit seiner Mutter zu und ging. Er mußte jetzt allein sein ...

In Josua 1, 8 spricht Gott von dem sicheren Weg zum Gelingen durch den Umgang mit seinem Wort: »Dieses Buch des Gesetzes soll nicht von deinem Mund weichen, und du sollst Tag und Nacht darüber nachsinnen, damit du darauf achtest, nach alledem zu handeln, was darin geschrieben ist; denn dann wirst du auf deinen Wegen zum Ziel gelangen, und dann wirst du Erfolg haben.«

Ein Jahr nach seiner Entscheidung schrieb ein 14jähriger Junge: »Tante Ruth hat Josua 1, 8 in meine Bibel geschrieben. »Tag und Nacht«, das verstehe ich jetzt richtig. Das gilt für mich.« Er war allein, aber durch den ständigen Umgang mit Gottes Wort konnte er fest bleiben und machte innerlich solche Fortschritte, daß seine Mutter später schrieb: »Ich habe nie geglaubt, daß Jesus ein Kind so verändern kann.«

B. Warum soll gerade das Kind auswendig lernen?

1. Grundstock der Gewohnheiten

In Sprüche 22, 6 sagt Gott: »Gewöhne einen Knaben an seinen Weg, so läßt er auch nicht davon, wenn er alt wird..« Welch eine Verheißung! Es geht hier nicht um das einmalige Tun, nicht um Erzählen oder Lehren, sondern um Gewöhnung. Das heißt: Es so lange täglich tun, bis man nicht mehr anders kann. Wie viel Zeit vergeht, bis Kinder sich daran gewöhnen, die Hände zu waschen, Zähne zu putzen, aufzuräumen oder ihre regelmäßigen Pflichten treu zu erfüllen! Immer wieder müssen Eltern dafür sorgen, daß es geschieht. Immer wieder nachfragen. Immer wieder. Bis ... ja bis das Kind es regelmäßig tut.

Wenn schon das tägliche Leben so viel Geduld erfordert, mit wieviel größerer Treue sollten wir das Wort der Bibel weitersagen und lehren. Es genügt nicht, gelegentlich etwas auswendig lernen zu lassen, sondern die jungen Herzen müssen sich Gottes Wort fest einprägen. Gott gibt die Verheißung: Das Kind wird als junger Mensch und als Erwachsener das fortsetzen, woran es als Kind gewöhnt wurde. Es kann nicht mehr anders. Deshalb gilt es, die Kinder daran zu gewöhnen, das Wort Gottes liebzugewinnen, zu lesen und zu lernen!

In Sprüche 28, 9 sagt Gott: »Wer sein Ohr abwendet, um die Weisung nicht zu hören, dessen Gebet ist ein Greuel.« Wer wünscht nicht seinem Kind ein wirkliches Gebetsleben mit vielen Erhörungen? Wer will nicht am liebsten, daß das Kind in ein reiches Leben der Fülle und Gemeinschaft mit Gott hineinwächst! Das Hören des Wortes Gottes, das Annehmen und Tun des Willens Gottes ist die Voraussetzung dafür.

Viele Erwachsene haben festgestellt: Was ich als Kind gelernt habe, kann ich immer noch. Es bleibt fürs ganze Leben mein Besitz. Nicht immer entscheidet sich ein Kind früh für Jesus Christus, aber das Bibelwort, das es auswendig gelernt hat, wird oft das Fundament der späteren Entscheidung. Viele Briefe von Erwachsenen bestätigen das.

2. Was in der Kindheit gelernt wird, bleibt.

Für ein Kind, das sich für Jesus Christus entschieden hat, bedeutet das auswendig gelernte Wort Gottes die tägliche Nahrung und das Rüstzeug für das Zeugnis. Auch Kinder müssen den Grund ihrer Hoffnung angeben können. Das geht nicht ohne das Wort Gottes. Natürlich ist es ungesund, wenn Kinder nur Bibelsprüche im Munde führen. Geschieht das Auswendiglernen jedoch in der richtigen Weise, so wird das nicht vorkommen. Vielmehr muß das Kind wissen, auf welchem Boden es steht und worauf es sich in der Stunde der Anfechtung und des Zweifels verlassen kann.

3. Nahrung und Grundlage zum Zeugnis

C. Auswendiglernen mit Freude?

Es ist wichtig, daß Jungen und Mädchen die Bibelsprüche gern auswendig lernen. Wie schwer fällt Lernen, wenn es lust-

1. Durch Verständnis und Interesse

135

los geschieht! Wenn der Stoff unverständlich oder uninteressant bleibt! Sitzen dann endlich mit viel Mühe die Worte, kann der Sinn des Gelernten immer noch nicht in das Herz eindringen, weil mechanisch, ohne innere Anteilnahme, gelernt wird. Gottes Wille aber ist: Sein Wort im Herzen zu behalten, sich einprägen.

Nicht selten liegt der Mangel an Interesse oder Freude der Kinder an biblischen Texten bei uns Erwachsenen. Wenn uns selbst das Wort Gottes nichts oder nicht viel bedeutet, wird es uns nicht möglich sein, die Liebe zur Bibel in den Herzen der Kinder zu wecken.

2. Lernen in der Kinderstunde

Da Kinder heute von allen Seiten in Anspruch genommen werden, ist es gut, den Spruch mit ihnen in der Stunde zu lernen. Viele Kinder, die die Gottesdienste besuchen, kommen aus einem Elternhaus, in dem die Bibel mehr oder weniger vernachlässigt, wenn nicht gar verspottet wird. Sie müssen sonst Bibelsprüche auswendig lernen, so wie sie ihre Schularbeiten machen. Und die Unlust des Lernens überträgt sich dann nur allzu leicht auf das Wort Gottes.

a) Die Aufmerksamkeit wird geweckt.

Wer hat nicht schon erlebt, daß allgemeines Stöhnen laut wird, wenn im Kindergottesdienst oder in der Sonntagsschule angekündigt wird: »Und nun wollen wir einen Spruch lernen!« Bevor die Jungen und Mädchen überhaupt anfangen zu lernen, ist jede Lust verflogen. Sie wehren sich innerlich gegen die nächsten Minuten und machen schließlich nur mit, weil es von ihnen verlangt wird.

Warum gestalten wir den Anfang nicht so:

»Und jetzt kommt noch etwas ganz Interessantes. Ein alter Mann hat es vor vielen Jahren gesagt, und es ist so wichtig, daß es heute noch für uns gilt...«

Oder: »Ob ihr euch noch erinnern könnt, welcher kleine Mann so gern den Herrn Jesus sehen wollte? Der Heiland rief ihm zu, als er oben auf dem Baum saß...«

Oder wir legen die einzelnen Worte des Spruches auf die Tafel, sagen gar nichts und lassen die Kinder verfolgen, wie sich der Spruch entwickelt.

Oder eine Geschichte, für die das Bibelwort, das wir lernen wollen, besonders charakteristisch ist, bietet eine Einleitung zum Lernen.

Die Kinder sollten sofort mit in eine gewisse Spannung hineingenommen werden: Was kommt jetzt? Das reizt sie zum freudigen Mitmachen. Aber Freude allein genügt nicht. Jungen und Mädchen wollen verstehen, was sie lernen. Manchmal ist es nötig, den Spruch im Zusammenhang zu erklären, manchmal genügt es, sich auf einzelne Worte zu beschränken. Sollte es vorkommen, daß die Kinder den Spruch schon kennen, der gelernt werden soll, so darf nicht langweilig erklärt und abgefragt werden. Die Kenntnis der Kinder kann zu einem kurzen Gespräch über den entsprechenden Text genutzt werden.

b) Der Spruch wird erklärt.

In einer Berliner Sonntagsschule wurde der Spruch Offenbarung 3, 20 gelehrt: »Siehe, ich stehe vor der Tür und klopfe an. Wenn jemand meine Stimme hören wird und die Tür auftun, zu dem werde ich hineingehen...« Zuerst wurde der Text erklärt. Die Kinder lernten schnell.

»Wer kann ihn schon allein sagen?« fragte die Mitarbeiterin. »Icke!« Ein echter Berliner Junge sprang auf, reckte sich und begann mit heller Stimme:

»Auf dem Bahnhof 3, Vers 20: Siehe, ich stehe ...« Im ersten Augenblick saßen alle Kinder wie erstarrt, doch dann brach ein schallendes Gelächter los! Der blonde Kerl schaute sich verdutzt um. Er hatte keine Ahnung, warum so gelacht wurde. Für ihn war das Wort »Offenbarung« fremd, so hatte er sich dem Klang nach ähnliche Worte gesucht.

Das Sprüchelernen in der Stunde sollte keine lange Zeit in Anspruch nehmen. Qualität – richtiges Ausnutzen der Zeit – ist einem langweiligen, zu häufigen Wiederholen des Textes unbedingt vorzuziehen. Kinder habe Freude daran, wenn etwas flüssig vorwärtsgeht.

c) Schnell und gründlich lernen.

Natürlich darf das nicht auf Kosten der Gründlichkeit geschehen. Jungen und Mädchen empfinden sehr fein, ob sie einen Vers richtig können. Sie sind nicht befriedigt, wenn, ehe sie den Text richtig erfaßt haben, schon mit den Worten abgebrochen wird: »Das habt ihr heute gut gemacht!«

Natürlich brauchen sie echte Anerkennung als Ansporn.

Sollten einmal trotz bester Vorbereitung die Kinder einfach nicht mitzureißen sein, den ausgewählten Spruch zu lernen, ist es besser, bis zur nächsten oder übernächsten Stunde zu warten, bevor man ihn wieder dran nimmt. Der Grund für die

Unlust und Gleichgültigkeit der Kinder ist manchmal schwer zu finden. Es geht auch nicht darum, sie eine möglichst große Zahl von Bibelsprüchen auswendig lernen zu lassen, sondern ihnen zu helfen, die gelernten Sprüche auch wirklich im praktischen Leben anzuwenden. Das besagt natürlich nicht, daß Kinder nicht einmal etwas lernen müßten, was sie in seinem vollen Ausmaß noch nicht verstehen können. Im evangelischen Gesangbuch heißt es: "Kinder wachsen am schnellsten an den Dingen, die sie zunächst nur zum Teil verstehen".

Am besten lernen Kinder die Sprüche gleich mit den dazugehörigen Bibelstellen. Es ist mehr Arbeit, aber dadurch wird es leichter, die Sprüche wiederzufinden und sie in den rechten Zusammenhang zu bringen.

d) Lernen durch Wiederholung

Erklären des Spruches, gemeinsam lesen, was an die Tafel geschrieben wurde, oder als Symbol auf der Flanelltafel liegt. Jungen und Mädchen können in getrennten Gruppen sprechen. Einige Worte werden von der Tafel weggewischt, und die Kinder versuchen die leeren Stellen trotzdem zu »lesen«. Einmal lesen einzelne Kinder, dann alle. So geht es weiter, bis nichts mehr an der Tafel steht. Durch häufiges Hören und Sprechen prägt sich der Spruch schnell ein.

Wenn es ein leichter Spruch ist, darf er wie gesagt nicht zu häufig wiederholt werden, damit keine Langeweile eintritt.

Haben die Kinder ihre Bibeln bei sich, so kann man sie zur Abwechslung den Spruch aufschlagen lassen. »Und nun möchte ich sehen, wer ihn in sechzig Sekunden kann. Ich schaue auf meine Uhr.« Mit Feuereifer stürzen sich die Jungen und Mädchen auf den Vers, und nach Verlauf einer Minute bewältigen ihn fast alle und möchten ihn gern aufsagen. Das gibt wiederum den Langsameren Gelegenheit, ihn so oft zu hören, daß sie ihn am Ende auch können. Diese Art führt besonders bei schweren Sprüchen zu guten Erfolgen, weil die Kinder in der kurzen Zeit jedes für sich intensiv lernt.

Manchmal können Sprüche vor Beginn der Stunde wiederholt werden, so daß von der eigentlichen Zeit kaum etwas dafür abgegeben werden muß. In einer Stadt kamen die Kinder beispielsweise sehr früh. Sie wollten beschäftigt werden. Da schlechtes Wetter herrschte, konnten sie nicht draußen bleiben. Wir erzählten manches, sangen einige Lieder, wiederholten Sprüche. Am nächsten Tag, als sie wieder so früh kamen, fragte ich:

»Was wollen wir heute tun?«

»Sprüche wiederholen!« schallte es mir entgegen. Ungläubig fragte ich zurück:

»Ist das euer Ernst?«

»Bestimmt.« Jedes Kind wollte alle Verse aufsagen, die wir gelernt hatten, und man spürte ihnen die Begeisterung und Befriedigung darüber ab, daß es so gut klappte.

Bei gemischten Gruppen, die sich altersmäßig über eine Spanne von sechs oder mehr Jahre erstrecken, ergibt sich die Schwierigkeit, das Alter der einzelnen Kinder berücksichtigen zu müssen. Meistens kommen dabei die Kleinen zu kurz, denn die Großen lernen nicht, wenn man sich nach Tempo und Verstehen der Kleinen richtet. Für solche Gruppen eignen sich Sprüche, die in zwei Teilen gelernt werden können, besonders gut, weil die Kleinen dann nur die erste Hälfte zu lernen brauchen.

e) Alter und Zusammensetzung der Kinder

Ein gutes Empfinden für Ermüdungserscheinungen der Kinder ist überhaupt sehr wichtig. Manchmal hilft schon ein Aufstehenlassen, damit sie alle wieder bei der Sache sind.

Es ist nicht gut, unmittelbar nach dem Erlernen des Spruches mit der Geschichte zu beginnen. Jungen und Mädchen sind beim Lernen angestrengt dabeigewesen, und nun ohne kurze Pause schlecht in der Lage, der Geschichte zu folgen. Es empfiehlt sich, dazwischen eines ihrer Lieblingslieder singen zu lassen. Danach kann von neuem Aufmerksamkeit gefordert werden.

f) Entspannung nach dem Lernen

Kinder strengen sich an, wenn sie etwas dafür bekommen. Um Ungerechtigkeit zu vermeiden, sollten aber nie große Geschenke eingesetzt werden. Da ist z. B. ein Kind, das beim Lernen zu Hause von den Eltern jede Unterstützung erfährt. Dort hingegen ein anderes, das vom Vater nicht erwischt werden darf, wenn es in der Bibel liest. Kleine Kärtchen von Zeit zu Zeit oder kleine Symbole genügen schon als Anreiz. Im Grunde ist das Wort Gottes an sich, das durch seine Kraft auch schon in Kinderherzen Großes vollbringt, Belohnung genug.

g) Belohnung als Anreiz zum Lernen

Am Ende einer zweiwöchigen Kinderarbeit in einem kleinen Dorf gingen die Kinder am Sonntag wie gewohnt zum Kinder-

h) Illustration

gottesdienst. Aufgeregt erschienen sie einige Stunden später im Saal zur letzten Kinderstunde.

»Stell dir mal vor, was heute morgen in der Kirche passiert ist«, riefen sie mir entgegen. »Unser Pfarrer hat gefragt, was wir in der Kinderwoche gelernt haben. Da haben wir ihm die Geschichten genannt. Wir haben einige Lieder vorgesungen, und dann fingen wir mit den Sprüchen an. Wir haben sie alle mit den Bibelstellen aufgesagt. Er hat sich sehr gefreut, daß wir so viel behalten haben, und sagte: Dann können wir ja heute auch einen Spruch lernen. Manche von uns riefen laut: Ganz bestimmt. Er hat ihn uns vorgesagt, und wir haben probiert, mitzusprechen, aber es wollte einfach nicht klappen. Wir haben uns eigentlich ein bißchen geschämt. Und der Herr Pfarrer wurde ungeduldig und fragte: Warum könnt ihr denn heute keinen Spruch lernen? Einen Augenblick war Stille, dann rief einer: Herr Pfarrer, wir können ihn nicht sehen!«

Verschiedene Möglichkeiten, den Spruch zu illustrieren, sollten genutzt werden.

aa) Die Wandtafel

Der ganze Spruch wird einschließlich Bibelstelle an die Tafel geschrieben. Man kann einfarbige oder bunte Kreide gebrauchen. Wenn sich verschiedene Worte des Spruches dazu eignen, als Bild oder Symbol herausgestellt zu werden, so macht das die Sache noch interessanter.

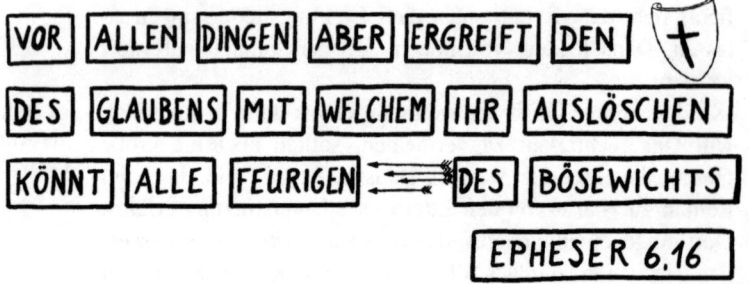

bb) Bilder

Man kann auch ein entsprechendes Bild gebrauchen. Es muß den Hauptgedanken des Spruches darstellen. Dann werden die Kinder beim Wiederholen immer wieder das Bild vor Augen haben.

Z. B. der Spruch Johannes 6, 48 mit einem Bild von der Speisung der Fünftausend. Oder 1. Korinther 16, 13 mit dem Bild eines gerüsteten Kriegers.

Bei der Benutzung von Bildern ist es gut, die Bibelstelle gesondert an die Tafel zu schreiben oder sie für die Flanelltafel auf einen Streifen Karton zu bringen, der mit Flanell hinterklebt wird. Die Stellen müssen sich die Kinder besonders einprägen, weil sie sonst leicht vergessen werden.

Je nach Länge des Verses kann man ihn auf einen oder mehrere bunte Kartons schreiben und mit Bildern unterbrechen. Dann werden die Kartons nacheinander hochgehoben, so daß die Kinder sie sehen können. Damit die Kinder sich die Bibelstelle gut einprägen, ist zu empfehlen, sie auf die Rückseite zu schreiben und für sich zu zeigen. Unter Umständen kann man die Form der Blätter dem Spruch angleichen, um dem Auge noch mehr Anregung zu geben. Z.B.:

cc) Kartontafeln

Offenbarung 22, 12: Siehe, ich komme bald und mein Lohn mit mir, einem jeden zu geben, wie seine Werke sind.

Psalm 51, 12:   Schaffe in mir, Gott, ein reines Herz.

Josua 24,15:   wählt euch heute, wem ihr dienen wollt ... Ich aber und mein Haus wollen dem Herrn dienen.

141

dd) Symbole

Manche Sprüche eignen sich zur Darstellung durch ein oder mehrere Symbole, so daß zur Illustration kein Wort gebraucht wird außer der Bibelstelle. Z. B.:

Johannes 10, 9: Ich bin die Tür; wenn jemand durch mich hineingeht, wird er selig werden.

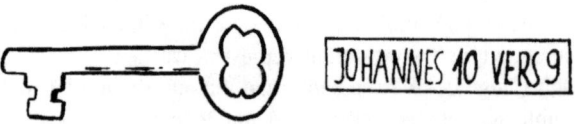

Oder: *1. Johannes 1, 7: Das Blut Jesu Christi, seines Sohnes, macht uns rein von aller Sünde.* (Kreuz zeichnen und Bibelstelle schreiben.)

Johannes 6, 48: Ich bin das Brot des Lebens.

Die Kinder können sich unter Anleitung auch selbst ein solches Symbol basteln und es nach der Stunde mit nach Hause nehmen.

ee) Gesten

Man kann zur Abwechslung einen Spruch auch mit Handbewegung lehren. Kleinen Kindern macht das Freude. Sie sind durch Lieder mit Handbewegungen gewöhnt, sich auf diese Weise auszudrücken. Z. B.: »Ich *(nach oben zeigen)* bin das Licht *(Hand zur Faust machen und hochhalten, als ob wir eine Kerze trügen)* der Welt *(großer Kreis).* Wer *(auf irgendeins der Kinder zeigen)* mir *(nach oben zeigen)* nachfolgt *(einige Schritte machen),* der *(wieder auf das Kind zeigen)* wird nicht *(Kopf schütteln)* wandeln *(wieder einige Schritte machen)* in der Finsternis *(mit der Hand die Augen zudecken),* sondern wird das Licht *(Hand ausstrecken, wie am Anfang)* des Lebens haben.« Johannes 8,12.

ff) Die Flanelltafel

Wortstreifen, mit Flanell hinterklebt, werden auf die Tafel gelegt. Dabei kann, je nach Spruch, einfarbiger, dunkler, heller oder bunter Karton gebraucht werden. Die Bibelstelle wird auf ein Symbol geschrieben. Das erinnert die Kinder bei der Wiederholung an den Vers. Z. B.:

142

Jesaja 53, 6:   *Wir gingen alle in die Irre wie Schafe. Ein jeglicher sah auf seinen Weg. Aber der Herr warf unser aller Sünde auf ihn.*

Wie bei der Wandtafel, können auch hier Sprüche, die aus Wortstreifen und Symbolen bestehen, angefertigt werden. Z.B.:

Johannes 14, 6:   *Ich bin der Weg und die Wahrheit und das Leben; niemand kommt zum Vater denn durch mich.*

Es ist auch möglich, Bibelsprüche in mehreren Symbolen darzustellen. Nur die Bibelstelle könnte dann zur Abwechslung auf einen einfachen Wortstreifen geschrieben werden. Z.B.:

Johannes 1, 29:   *Siehe, das ist Gottes Lamm, welches der Welt Sünde trägt.*

Psalm 119, 105:   *Dein Wort ist meines Fußes Leuchte und ein Licht auf meinem Wege.*

Daneben kann man den ganzen Spruch auf Symbole schreiben und diese an die Tafel heften. Z. B.:

Markus 16, 15:   *Gehet hin in alle Welt und predigt das Evangelium aller Kreatur.*

usw.

143

Psalm 119, 72: Das Gesetz deines Mundes ist mir lieber als viel tausend Stück Gold und Silber.

usw.

gg) Musik

Da manche Bibelverse als Lieder oder Kanons vertont worden sind, bietet sich eine schöne Abwechslung, den neuen Vers auf diese Art zu lehren. Z. B.:

Matthäus 21, 22: Und alles, was ihr bittet im Gebet, wenn ihr glaubt, so werdet ihr's empfangen.

Kolosser 3, 20: Ihr Kinder seid gehorsam den Eltern in allen Dingen, denn das ist dem Herrn wohlgefällig.

Psalm 113, 3: Vom Aufgang der Sonne bis zu ihrem Niedergang sei gelobet der Name des Herrn!

i) Besondere Wiederholungen

Am Ende einer vierzehntägigen Kinderarbeit hatten wir alle vierzehn Sprüche wiederholt. Viele beteiligten sich mit Feuereifer. Dann fragte ich:
»Wie könnt ihr denn jetzt diese Sprüche behalten?« Überall streckten Jungen und Mädchen ihre Finger empor:
»Wenn ich bete!«
»Wenn ich daran denke.«
»Wenn ich in der Bibel lese.« Immer neue Antworten wurden in den Saal gerufen. Ich wartete, bis sich kein Kind mehr meldete. Sie waren so »fromm«! Endlich fragte ich:
»Wie könnt ihr denn ein Gedicht behalten, das ihr in der Schule gelernt habt?«
»Wenn ich es wiederhole.« Das war die einzig richtige Antwort. Nur durch Wiederholung bleibt das Gelernte ständi-

144

ger Besitz. Solche Wiederholungszeiten sollten für Kindergruppen besondere Höhepunkte sein; sie müssen nur jedesmal etwas anders durchgeführt werden. Dazu gibt es verschiedene Möglichkeiten:

Eine Sonntagsschulgruppe hatte sich ein Bild von einer großen Wiese gemalt. Dieses Bild wurde an jedem Sonntag aufgehängt. Wenn der neue Spruch gelernt war, durfte eines der Kinder eine Blume, welche die entsprechende Bibelstelle trug, in die Wiese einkleben. Sie füllte sich immer mehr mit schönen bunten Blumen. Ein Vierteljahr verging. Länger sollte die Zeit nicht sein, denn zwölf Sprüche zu wiederholen erfordert sehr viel Konzentration, zumal die Bibelstellenangaben dabei sind. Jeden Sonntag, sobald die Kinder in den Raum gelassen worden waren, waren sie auf das Bild zugerannt und hatten sich gegenseitig die Sprüche abgefragt. Nun, am Wiederholungssonntag, durfte ein Kind vorn an dem Bild stehen und die Fragen stellen.

Dasselbe kann man z. B. im Winter mit einem Schneemann und vielen Schneebällen machen oder im Herbst mit einem Eichhörnchen, das Nüsse sammelt.

Beim nächstenmal gingen wir von dem Leitspruch aus: »Herr, ich habe lieb die Stätte deines Hauses.« Ein Haus wurde gebastelt, und jeder weitere Spruch mit der entsprechenden Bibelstelle in das Haus getragen. Jedes Kind, das nach zwölf Wochen alle Sprüche kannte, erhielt ein Haus geschenkt. Bei Hausbesuchen stellten wir fest, daß viele Kinder sich das Haus über ihr Bett gehängt hatten und danach von Zeit zu Zeit ihre Sprüche selbst wiederholten.

Man kann auch ein großes weißes Herz basteln, einen kleinen Briefumschlag darankleben und von jedem Spruch ein Kärtchen hineinstecken. Der Leitspruch ist dann: »Ich behalte dein Wort in meinem Herzen.«

Im Herbst schneidet man Äpfel aus verschiedenfarbigen Karton aus und schreibt auf jeden einen neuen Spruch; auf die weiße Seite den Spruch, auf die bunte die dazugehörige Bibelstelle. Dazu wird ein Apfelbaum mit vielen Blättern auf Karton gemalt und ausgeschnitten. Die Blätter und die einzelnen Äpfel werden gelocht; nun können die Äpfel mit kleinen Fäden an den Baum geknüpft werden, und den ganzen Apfelbaum kann man auch noch aufhängen. Die Bibelstellen auf den bunten Außenseiten der Äpfel sind sichtbar, so daß die Kinder sich selbst nach den Versen abfragen können.

Eine solche Wiederholung kann auch in Form eines Quiz aufgezogen werden: Zwei Gruppen, die aus möglichst gleich gut unterrichteten Kindern gebildet sein sollten, werden nebeneinander aufgestellt. Die Art der Fragen ist verschieden. Es kann z.B. nach dem Inhalt des Verses oder nach dem Buch der Bibel gefragt werden, in dem der Vers steht.

Z. B.: »Wo steht ein Vers, in dem vom Lebensbrot gesprochen wird?« Als Antwort braucht nur die Bibelstelle genannt zu werden. Oder: »Was sagt der Herr Jesus, als er sich mit einem Licht vergleicht?« Hier muß natürlich die Antwort aus dem Text des Verses heraus erfolgen.

Ein solches Bibelquiz könnte man auch als Teil eines Elternabends vor der ganzen Gemeinde veranstalten, um die Erwachsenen für die Arbeit unter den Kindern zu interessieren.

Im Sommer ist es möglich, eine solche Spruch-Wiederholung als Spiel im Freien aufzuführen. Zwei Mannschaften stellen sich auf. Den ersten Kindern wird jeweils ein Zettel übergeben, auf dem eine bestimmte Bibelstelle aufgeschrieben ist. Sie rennen zu einem vorher ausgemachten Ziel, sagen dort je einem Helfer den Spruch und sausen zurück. Sobald sie ankommen, erhält das zweite Kind den Zettel mit der nächsten Bibelstelle, usw. Das ist zwar keine komplette Wiederholung für die ganze Gruppe, aber sie wird ihren Zweck nicht verfehlen.

Scheinen diese Vorschläge schwer durchführbar? Ist zuviel Arbeit damit verbunden? Dieser Einsatz wird im Leben von jungen Menschen Frucht bringen.

VIII. Kinderstunde und Mission

Hans-Ulrich, ein großer blonder Junge, hatte sich in einer Kinderwoche für den Herrn Jesus entschieden. An jedem folgenden Tag brachte er andere Schulkameraden mit und war mit ganzem Herzen dabei. Nun lag die letzte Stunde hinter uns, und nachdem alles zusammengepackt war, wollte auch ich gehen. Da stand draußen vor der Tür Hans-Ulrich, den Blick starr geradeaus gerichtet. Er zuckte zusammen, als er angesprochen wurde.

»Wartest du noch auf mich?« Er nickte, blieb aber stumm.

»Komm, wir gehen noch einmal hinein.«

Auf verschiedene Fragen gab er keine Antwort, bis es aus ihm herausbrach: »Ich glaube, der Herr Jesus will mich als Missionar haben!«

Tränen standen in seinen Augen.

»Aber ich kann das nicht verstehen. Was muß denn ein Missionar tun? Und ich weiß auch nicht, ob meine Eltern es wollen. Aber ich weiß in meinem Herzen, daß ich es tun soll.« Das Gespräch dauerte lange Zeit, und zum Schluß sprachen wir mit Gott.

Sollte das eine Ausnahme sein, wenn Gott ein Kind ruft? Manche Missionare bestätigen, daß sie als Kinder berufen wurden. Wenn Kinder aus der Bibel Gottes Willen hören und dann Vorbilder haben, denen sie nacheifern, wenn sie offen und gehorsam vor Gott leben, können sie schon früh hören und dem, was ihnen gesagt wird, folgen. Diese Kinder, die Woche um Woche zusammenkommen, sind ja nicht nur Jungen und Mädchen, die zu tüchtigen christlichen Männern und Frauen heranwachsen sollen, sondern Werkzeuge, die Gott gebrauchen will. In den entscheidenden Jahren, wo die Weichen für ihr Leben gestellt werden, gilt es, ihnen das Rechte vor Augen zu stellen und die Aufmerksamkeit für den Ruf zum Dienst im Reich Gottes zu wecken!

A. Voraussetzungen zum missionarischen Unterricht

1. Leben und Einstellung

Die persönliche Einstellung und das Leben seines Lehrers werden für das Kind ausschlaggebende Bedeutung für seine Entscheidung haben. Schon mancher Helfer, der aus verschiedenen Gründen nie hinausgehen konnte, aber eine brennende Liebe zur Mission besaß, durfte erleben, daß junge Menschen, durch sein Vorbild ermuntert, in ferne Länder zogen, um dort das Evangelium zu verkündigen.

Die Liebe zu Jesus Christus schenkt uns den richtigen Blick für die Not der Welt. Jesus sagt:

»Hebt eure Augen auf und seht auf die Felder, denn sie sind reif zur Ernte.« Die Augen aufheben und im Angesicht Jesu das reife Erntefeld sehen, wird keinen gleichgültig lassen. Sieht er aber nur Not und Schwierigkeiten, wird er leicht niedergedrückt werden.

2. Kenntnis der Schrift

Bei aller Liebe zur Mission braucht jeder, der Gottes Auftrag weitergeben will, eine genaue Kenntnis der Heiligen Schrift; sonst hat er keinen Grund unter den Füßen. Woher sollen die Kinder denn erkennen, was Gott über diese wichtige Aufgabe sagt? Z. B.:

Markus 16, 15 – Der Befehl Christi an seine Gemeinde.
Johannes 3, 16 – Gottes Liebe zu *jedem* Menschen.
Apostelgeschichte 4, 12 – In keinem anderen ist das Heil.
Römer 3, 23; Jesaja 1, 5-6 – Alle sind von Natur aus verloren.
2. Petrus 3, 9 – Gott will nicht, daß einer verlorengeht.
Römer 10, 13-15 – Wie sollen sie hören?
Lukas 10, 2 – Bittet den Herrn der Ernte.
Jesaja 6 – Hier bin ich, sende mich.

B. Die Notwendigkeit der Missionsaufklärung für das Kind

1. Vorrecht und Verantwortung des missionarischen Einsatzes

Mission ist keine Privatangelegenheit Einzelner, sondern der Auftrag Jesu Christi an seine ganze Gemeinde.

Gott ruft solche, die treu und bereit sind, ihm zu gehorchen. Es gilt, dem Kind das Vorrecht klarzumachen, das ein Mensch erfährt, der die Strafe Gottes verdient hatte und nun, nachdem er Vergebung erlangt hat, Gott dienen *darf.* Gott braucht Jungen und Mädchen, die ihm durch kleine Dinge unter ihren Altersgenossen dienen. Wenn ein Kind früh erkennt, wie es seine Liebe zu Gott durch die Tat beweisen kann, wird es als junger Mensch so weiterleben. Es wird es leichter haben, einem Ruf Gottes zu folgen und ein Leben zu führen, das Wert für die Ewigkeit besitzt. Mit wieviel Sorgfalt wurden im Alten Testament die Kinder, die Gott dienen sollten, auf ihre hohe Aufgabe vorbereitet!

Ein Gottesmann sagte einmal zu seinem Sohn:

»Wenn Gott dich gerufen hat, Missionar zu werden, dann erniedrige dich nicht, ein König sein zu wollen.«

2. Das Kind steht noch vor der Berufsentscheidung

Mancher Erwachsene, der durch die Verpflichtungen seines Berufes in der Heimat festgehalten wurde, aber innerlich darüber nicht ruhig werden konnte, hat mit Tränen ausgerufen:

»Hätte ich das nur eher gewußt, dann hätte ich mein Leben dem Herrn ganz zur Verfügung stellen können!«

Immer wieder zeigt es sich, wie Kinder, vom Wort Gottes her angesprochen, unruhig werden und fragen. So schreibt Ursula:

»Bitte, sag mir, wie kann ich eine Missionarin werden? Soll ich Ostern von der Schule gehen oder erst noch einen Beruf lernen? Was braucht man da für Sprachen? Welchen Beruf kann ich am besten auf dem Missionsfeld gebrauchen?«

Natürlich wird nicht jedes Kind, das so fragt, wirklich hinausgehen, aber es kann sich für einen Beruf entscheiden, den es als Missionar gebrauchen kann, wenn Gott rufen sollte. Es ist vorbereitet, weil seine Pläne und Ziele früher eine andere Richtung nahmen als die der meisten Kinder, die denken: Was tue ich am liebsten? Oder: Wo kann ich am meisten Geld verdienen?

3. Die Kinderstunde als der Ort der Vorbereitung

»Warum nimmt mich der Herr Jesus nicht gleich in den Himmel, wenn ich ihn angenommen habe? Das wäre doch viel leichter. Zu Hause lachen und spotten sie alle. Und das ist schwer.«

Wir schlugen die Bibel auf und lasen 1. Thessalonicher 1, 9ff:

»Wie ihr bekehrt seid zu Gott von den Abgöttern, zu dienen dem lebendigen und wahren Gott und zu warten auf seinen Sohn vom Himmel.« Das Mädchen brauchte Zeit, um zu verstehen, was Gott damit sagen will, doch dann erkannte es den Grund und sagte Ja zu Gottes Weg. Gestärkt kehrte es in sein Elternhaus zurück.

a) Gottes Wort zeigt dem Kind, wem sein Leben gehört.

Kinder sind im allgemeinen dankbar und wollen diese Dankbarkeit auch nach außen beweisen. Sie dürfen durch biblische Geschichten, verschiedene Schriftstellen und vor allem auch durch die Apostelgeschichte lernen und erkennen:

»Am besten können wir Gott für sein Werk von Golgatha danken, wenn wir ihm dienen.« Oder um es für die Kinder leichter auszudrücken: »Wenn wir ihm gehorchen und vertrauen.«

Eines Tages kam ein Brief aus der früheren DDR:

»Tante Ruth, als du dein Herz für den Herrn Jesus aufgemacht hast, hast du ihm da auch dein Leben gegeben?« Welch ernste Frage, die ich mit einem Nein beantworten mußte, denn meine eigenen Pläne standen damals im Vordergrund, und ich wollte sie ausführen. Im nächsten Brief schrieb Inge:

»Aber ich habe es schon getan. Ich werde Ostern mit der Oberschule fertig, und dann gehe ich in ein Krankenhaus, um dem Herrn Jesus zu dienen.«

Die Kinder können erkennen, daß nicht nur Missionare, Schwestern, Pfarrer und Lehrer dem Herrn Jesus dienen, sondern jeder, der an dem Platz steht, wo Gott ihn haben will. Gott wird führen, wenn wir ihm den Gehorsam nicht verweigern.

b) Gott hat für ein gehorsames Leben feste Verheißungen gegeben.

Schon früh darf ein Kind lernen, sich auf die Verheißungen Gottes zu stützen. Gott sagt niemals: »Geh«, ohne selbst voranzugehen. Er gebietet zu »beten« und verspricht, das Gebet zu erhören. Er ruft auf, zu »geben«, und verspricht, wiederzugeben ein »volles, gerütteltes und überfließendes Maß«. Er gebietet, stark zu sein, und schenkt selbst die Kraft. Gott verlangt alles, aber er gibt im Überfluß, was zu jeder Aufgabe nötig ist, die er uns stellt. Auch ein Kind darf schon praktisch für sich in Anspruch nehmen, was Gott verspricht, und danach handeln. Gott gibt nicht im voraus, sondern wenn die Zeit da ist. Also heißt es: auf Grund seines Wortes und seiner Verheißung zu handeln, um dann immer wieder zu erleben: Gott hält sein Wort!

c) Ein Kind kann heute mit dem Dienst für Jesus Christus beginnen.

Oft wird die Beobachtung gemacht, daß Kinder, die »einmal« Missionare werden wollen, kleine Pharisäer sind, die auf der einen Seite fromm reden und beten, auf der andern aber böse

150

und wütend werden, wenn sie zu Hause oder beim Spielen ihren Willen nicht durchsetzen können. Sie müssen einsehen lernen, daß ihr jetziges Leben auch schon Bedeutung hat. Es ist wichtig, wie sie z. B. zu Hause, bei den Schularbeiten, in der Schule, bei den Kameraden, in ihrer Kleidung, im Essen, im Verzichten auf einen persönlichen Wunsch, im Sich-Einfügen in die Kameradschaft dem Herrn Jesus dienen. Auch Kinder müssen begreifen, daß sie nicht durch die Reise in ein fremdes Land zum Missionar werden.

Während die Bibel als Grundlage und zur inneren Ausrichtung nötig ist, brauchen die Kinder andererseits direkten Kontakt zur heutigen Missionsarbeit.

d) Das Kind wird mit der praktischen Missionsarbeit in Berührung gebracht.

aa) Anhand von Dias werden Missionsgeschichten erzählt. Dabei ist es wichtig, daß nicht nur Schönes und Interessantes hervorgehoben wird, sondern auch Kämpfe, Einsamkeit und Gefahren. Kinder brauchen ein ehrliches Bild dieser Arbeit.

bb) Ein Missionar, der zu einer besonderen Missionsstunde für Kinder eingeladen wird, hat die beste Möglichkeit, die Kinder zum Gebet zu ermuntern. Eine solche Stunde kann vorbereitet werden, indem man den Kindern schon vorher von Land, Sitten und Gebräuchen erzählt. Kleidung interessiert sie sehr. Und durch farbige Dias kann der Missionar eindrücklich schildern, was Gott tut und wieviel es noch zu tun gibt.

cc) Durch regelmäßigen Briefwechsel behalten die Kinder das Interesse für »ihren« Missionar und die Arbeit, die er tut. Vielleicht kann er auch kleine Gegenstände oder Kunstfertigkeiten von seinem Missionsfeld schicken, die die Kinder sehen und anfassen dürfen. Die Kinder wieder können praktisch etwas tun: basteln, handarbeiten und spenden. Und durch Berichte über die Verwendung ihrer Gaben werden sie immer neu angespornt, weiter zu helfen.

dd) Sollten die Missionare selbst Kinder haben, ist es natürlich besonders interessant, wenn man diesen schreiben darf; dabei muß nur darauf geachtet werden, daß dieser Briefwechsel die Missionarskinder nicht zu sehr belastet.

Kinder geben sich längst nicht damit zufrieden, daß sie zu klein sein sollen, um etwas für Jesus Christus zu tun. Sie gehen unter Leitung ihres Helfers ins Krankenhaus zum Singen; sie helfen bei der Gestaltung der Kinderstunde im Freien in einer solchen Gegend der Stadt mit, wo die Kinder weder eine

e) Wie kann ein Kind praktische Missionsarbeit tun?

VIII. Kinderstunde und Mission

Landeskirche noch eine freikirchliche Gemeinde besuchen können, oder sie verteilen an andere Kinder Traktate.

Oft fragen sie in ihren Briefen sehr genau, was sie tun können, und befolgen in ihrer kindlichen Art die Vorschläge wortgetreu:

Ein dreizehnjähriger Junge wollte so gern in seiner Klasse vom Herrn Jesus erzählen.

»Aber sie nehmen mich nicht für voll«, schrieb er traurig, »denn ich bin einfach zu klein. Was soll ich nur tun?« Wir ermunterten ihn, für seine Mitschüler zu beten und selbst ein echter, froher Kamerad zu sein, der in der Schule seine Pflicht treu erfüllt.

»Und hilft mir der Herr Jesus auch, wenn ich dann eine Arbeit schreibe? Ich bin so leicht aufgeregt.«

»Ja, du darfst darum bitten, wenn du alles getan hast, was du selbst tun konntest.« Wochen vergingen, Monate. Dann kam eines Tage ein glücklicher Brief:

»Stell dir vor, ich habe einem Jungen durch den Hinweis auf das Beten, zu einer für ihn überraschend guten Lateinarbeit geholfen. Und jetzt gucken mich die andern auch schon anders an.«

»Ist dir das eine Hilfe, wenn ich Briefmarken aufklebe?« fragt Jochen. »Ich habe zwar viele Schularbeiten, aber die mache ich dann später. Dann spiele ich eben nicht.«

Dieses Angebot, zu opfern und zu helfen, sieht vielleicht unscheinbar aus; vor Gott hat es eine große Bedeutung. Zeigt nicht die Beobachtung am Schatzkasten des Tempels Gottes Einstellung? Jesus Christus sagt von jener Witwe: »Sie hat mehr gegeben als sie alle!« Und als der Junge dem Herrn Jesus sein Essen reichte, achtete er es nicht zu gering, sondern nahm es, dankte und speiste damit die riesige Volksmenge von allein 5000 Männern.

IX. Der Gebrauch der visuellen Hilfsmittel

Mehr als zu jeder anderen Zeit wachsen die Kinder heute mit einer Fülle von Bildern auf. Nicht nur die Schulen bemühen sich, den Lehrstoff durch Anschauungsmaterial zu verdeutlichen und zu vertiefen, auch die Wirtschaft spricht mit allem, was sie zu bieten hat, vornehmlich das Auge an. Es gilt deshalb, für den biblischen Unterricht so weit wie möglich die modernen Möglichkeiten auszunutzen. Kinder hören dort eine Botschaft, die nicht nur ihr zeitliches Leben, sondern die ihre Ewigkeit betrifft. Und weil in der Hast und Vielfalt unserer Zeit das Wort Gottes nur allzu schnell in den hintersten Winkel unseres Lebens gedrängt wird, ist es doppelt wichtig, nach äußeren Möglichkeiten zu suchen, die dem Kind zum Hören und Nachdenken verhelfen.

Folgende Information mag uns dabei zu denken helfen. Von einem dargebotenen Stoff wird

durch Hören 20%

durch Sehen 30 %

durch Sprechen und Fragen 70%

durch das Tun sogar 90%

im Leben und Denken aufgenommen.

Immer wird die Bibel der Mittelpunkt bleiben müssen, wenn unsere Unterweisung über das Wort Gottes nicht sinnlos werden soll. Nur dieses Wort hat die Verheißung, daß es in den Herzen der Zuhörer etwas auslöst. Alles andere steht an zweiter Stelle und ist lediglich Hilfe. Aber es kann entscheidende Hilfe sein. Ein Kind sträubt sich nicht grundsätzlich gegen die Bibel; es bleibt jedoch gleichgültig oder gar ablehnend, wenn es auf eine langweilige oder unverständliche Art mit dem Wort Gottes in Verbindung gebracht wird.

A. Dürfen bildhafte Darstellungen im biblischen Unterricht gebraucht werden?

Auf diese Frage kann nur die Heilige Schrift antworten. Einige Schriftstellen mögen genügen, um deutlich zu machen, wie oft die Bibel selbst Bilder gebraucht, um geistliche Wahrheiten zu erklären. Sollte ein Unterschied darin bestehen, wenn z.B. der Zweifel mit einer Meereswoge verglichen wird und diese Bibelstelle aus Jakobus 1, 6 für das Kind nun als ein Bild von einem stürmischen Meer dargestellt wird?

Die Opfer des Alten Testaments und die Stiftshütte sind Bilder für geistliche Wahrheiten des Neuen Testaments, die Gedanken Gottes für uns deutlich machen.

Wenn Gottes Propheten einen besonderen Auftrag auszurichten hatten, gebot ihnen Gott, ihre Botschaft nicht nur zu verkündigen, sondern auch an Gegenständen praktisch darzustellen.

Z. B. 1. Könige 11, 29: Ein neuer Mantel wird in zwölf Stücke gerissen, um zu zeigen, daß Gott Salomo das Königreich wegnehmen und unter dessen Nachfolger teilen würde. Jeremia muß einen Topf aus Ton kaufen und vor den Augen der Ältesten zerschlagen (Jeremia 19).

Ein anderes Mal gebraucht Gott zwei Feigenkörbchen (Jeremia 24). In Jeremia 32 muß der Prophet sogar einen Acker kaufen, um daran zu zeigen, daß Gott sein Volk nicht im Stich lassen und trotz harter Strafe zurückbringen wird.

Das Neue Testament berichtet in Apostelgeschichte 21, 10, wie der Prophet sich Hände und Füße mit dem Gürtel des Paulus bindet, um dann erst zu sprechen.

Der Herr Jesus selbst gebraucht in seinen Reden viele Bilder. Er spricht von Füchsen und ihren Gruben, von Vögeln und ihren Nestern, während er nichts hat, wo er sein Haupt hinlegen kann. Durch diese Bilder wurde den Zuhörern seine Armut deutlich. Immer wieder benutzte der Herr in seinen Reden Vergleiche mit alltäglichen Dingen, z. B.: Salz, Perle, Acker, Same.

Wird nicht an Bildern, die der Herr für sich selbst anwendet, deutlich, auf welche verschiedene Weise er sich offenbart?

Z. B.: Tür, Licht, Brot, Weg, Weinstock, Bräutigam.
Das Wort Gottes drückt selbst in einer ganzen Reihe von Bildern aus, welche verschiedenen Aufgaben es hat, z. B.:
Spiegel zu sein − Jakobus 1, 23 u. 24
Wasser − Epheser 5, 26
Honig − Psalm 119, 103
Feuer − Jeremia 23, 29
Hammer − Jeremia 23, 29
Schwert − Epheser 6, 13
Same − Matthäus 13, 19
Lampe − Psalm 119, 105
Gold − Psalm 119, 72
Wenn in der Heiligen Schrift in so klarer Weise Bilder herangezogen und gebraucht werden, so können sie die mündliche Aussage nur vertiefen.

Am Ende einer Kinderstunde kam ein älterer Herr aufgeregt zu mir: »Was haben Sie eigentlich mit mir gemacht? Das meiste, was Sie gesagt haben, kann ich nicht vergessen, weil diese Bilder immer wieder vor meinen Augen stehen. Hätte ich sie doch nie gesehen!«

B. Vorteile der visuellen Methode

Alles, was den Kindern zur Vertiefung des gesprochenen Wortes gezeigt wird, vertieft ihre Aufmerksamkeit und ihr Interesse. Kinder denken bildhaft. Werden sie während des Erzählens durch ein Bild, ein Symbol oder einen Gegenstand auf den Hauptgedanken hingewiesen, können sie ihn besser verstehen und deshalb auch besser behalten. Das Gelernte geht nicht nur mechanisch − weil der Erwachsene es nun einmal so verlangt − in ihr Denken ein, sondern vertieft sich durch persönliche Anteilnahme.

C. Herstellung und Gebrauch des Anschauungsmaterials

Da die Heilige Schrift voll ist von Bildern, die unserer menschlichen Vorstellung entsprechen, sollten diese Vorlagen zugrunde gelegt werden. Wo sich aber Schwierigkeiten ergeben, wie z. B. bei Engeln, ist es weiser, keine Bilder zu gebrauchen. Kein Mensch kann sich vorstellen, wie Engel aussehen. Jesaja 6 zeigt sie mit sechs Flügeln. Wie sollte so ein Wesen gezeichnet werden? Himmlische Dinge kann man nicht durch irdische Bilder darstellen, wenn sie in der Bibel nicht detailliert beschrieben sind.

In vielen Flanellgeschichten wird Jesus Christus während seines Lebens hier auf der Erde gezeigt. Kindern muß erklärt werden, daß die Bibel sagt: Er wurde Mensch wie wir, nur ohne Sünde. Er war so sehr Mensch, daß niemand ihn als Sohn Gottes erkannte. Also können ihn Maler so zeichnen, wie sie ihn sich vorstellen. Als Simon Petrus ihn als Messias bezeichnete, sagte Jesus Christus: »Mein Vater hat es dir offenbart.« Von allen Bildern jedoch, die ihn nach der Himmelfahrt darstellen, heißt es Abstand nehmen.

1. Die Darstellung des Hauptgedankens

Es wird unmöglich sein und zu weit führen, alle Gedanken in Bildern auszudrücken. Dem kindlichen Vorstellungsvermögen muß Raum gelassen werden. Kinder sind befriedigt, wenn die Hauptbilder vorhanden sind. Und wie wir im Erzählen nicht über den biblischen Text hinausgehen dürfen, so müssen die Bilder von derselben Achtung vor Gottes Wort getragen sein.

Wenn Hilfsmittel hergestellt oder gekauft werden, ist immer die eine Frage zu beachten: Helfen diese Bilder den Kindern oder hindern sie sie? Die Erfahrung und das Urteil der Kinder werden deutlich machen, welche Bilder als Hilfe und welche als Hindernis zu betrachten sind.

2. Einfaches Material

Nicht jeder kann gut zeichnen. Aber es geht auch nicht um künstlerisch wertvolles Material, sondern um Bilder und Symbole, die die Kinder ohne lange Erklärung verstehen.

Die einzelnen Bilder müssen sauber, klar und flächig gearbeitet sein, damit auch Kinder der letzten Reihen sie, ohne sich anzustrengen, erkennen können.

Vor Beginn der Stunde muß ausprobiert werden, wie gut die Bilder hinten im Raum zu sehen sind und wie hoch sie gehalten werden müssen.

Auch das beste Material wirkt eintönig, wenn es immer wieder in derselben Form erscheint. Es gibt verschiedene Möglichkeiten, die eine Abwechslung in die Stunde bringen. Welche Art gebraucht wird, richtet sich nach der betreffenden biblischen Geschichte.

3. Verschiedene Arten vermeiden Ermüdung.

Sie bietet eine gute Möglichkeit für alle, die zeichnen und während der Stunde mit einigen markanten Strichen ein Bild entwerfen können, das den Kindern zum besseren Verständnis hilft. Andere gebrauchen die Wandtafel nur, wenn es Worte anzuschreiben gibt.

a) Die Wandtafel

Ein Gegenstand aus dem täglichen Leben, mit dem die Kinder vertraut sind, bringt neues Interesse, z. B. ein schöner großer Spiegel und eine Bibel. So wie der Spiegel jedem, der hineinschaut, zeigt, wie er wirklich aussieht, tut es auch die Bibel. Nur daß die Bibel viel mehr zeigt als der Spiegel, nämlich das menschliche Herz.

b) Gegenstände

Eine Landkarte und eine Bibel. Hieran kann deutlich gemacht werden: Wie man anhand einer Karte den Weg findet, so zeigt auch das Wort Gottes den Weg zur himmlischen Heimat. Es ist aber nicht genug, den Weg zu kennen. Man muß ihn auch gehen, wenn Karte oder Bibel wirklich helfen sollen.

Große Bilder, die eine bestimmte Szene der Geschichte darstellen, eignen sich sehr gut als Illustration des Textes. Man kann den Kindern auch nach dem Erzählen der Geschichte Gelegenheit geben, ein Bild von dem zu malen, was sie am stärksten beeindruckt hat.

c) Bilder

Wenn die Reisen des Volkes Israel oder die Missionsreisen des Apostel Paulus durchgesprochen werden, bedeutet eine gute Karte jener Länder eine bedeutende Hilfe. Sie kann selbst hergestellt werden, um dann in großen Linien den Wanderweg zu zeigen. Wird sie auf ein großes Flanelltuch gezeichnet, können an wichtigen Orten Bilder oder Ortsnamen hinzugefügt werden.

d) Wandkarten

Diese Art der bildhaften Darstellung dürfte den meisten Mitarbeitern bekannt sein. Bilder werden mit Flanell hinterklebt und auf eine Tafel gelegt, die mit Flanell bezogen ist. Die rauhen Filzfasern bewirken ein gegenseitiges Haften aneinander.

e) Flanelltafel

Man kann also während der Geschichte das Bild immer wieder ein wenig verändern, so daß die dauernde Bewegung die Kinder fesselt.

Es brauchen aber nicht nur fertige Bilder auf die Tafel geheftet zu werden; man kann auch selbst Symbole herstellen oder Bilder aus Zeitschriften ausschneiden und an der Rückseite mit Flanell bekleben.

Diese Bilder müssen sauber ausgeschnitten sein und einen guten Flanellrücken erhalten, damit sie sicher haften. Sie sollten vor der Stunde auf die Tafel gelegt werden, um die richtige Anordnung und Höhe zu prüfen, damit beim Erzählen der Geschichte keine Unruhe entsteht.

Manchmal ist es eine Hilfe, wenn ein Mitarbeiter erzählt und der andere die Bilder zum richtigen Zeitpunkt an die Tafel legt. Das erfordert gute Zusammenarbeit, denn Kinder werden unruhig, wenn ein Bild zu früh oder zu spät an der Tafel erscheint.

Die bildhafte Darstellung erfordert mehr Zeit für die Vorbereitung. Aber wenn das Material sauber gearbeitet und geordnet wird, kann es nach einiger Zeit wiederverwendet werden.

X. Verschiedene Möglichkeiten Kinder zu erreichen

Vielleicht haben Sie alle bisherigen Kapitel dieses Buches gelesen und sind zu dem Entschluß gelangt: Das ist etwas für besonders ausgebildete und berufene Menschen, zu denen ich nicht gehöre. Aber so leicht sollten Sie es sich nicht machen. Sicher gibt es, wie überall im Reich Gottes, besondere Werkzeuge für besondere Aufgaben. Die Arbeit an den Kindern ist vielgestaltig und bietet vielen Erwachsenen die Möglichkeit, einem jungen Herzen den für Zeit und Ewigkeit entscheidenden Samen in Herz und Leben einzustreuen. Wie schnell ist das Kind zum jungen Menschen herangewachsen, und ganz entscheidende Jahre sind vorbei. Die Bibel spricht von reichlichem Säen und verheißt ihm eine große Ernte. Sie warnt vor sparsamer Aussaat, die nur auf eine magere Ernte hoffen läßt. Gott will sein Lebensbrot großzügig ausgestreut haben. Es ist genug da. Und er verheißt: »Wirf dein Brot hin auf die Wasserfläche! – denn du wirst es nach vielen Tagen wiederfinden!« Prediger 11, 1.

Viele treue Kindergottesdienst- und Sonntagsschulmitarbeiter durften erleben, wie ihnen später Erwachsene schrieben oder sagten: »Ich danke Ihnen für die treue Unterweisung im Wort Gottes. Was ich damals gelernt habe, konnte ich nie vergessen, nicht einmal, als ich es gern wollte.«

A. Die Familie

Nach den Worten der Bibel gibt es einen besonderen Ort, an dem die Kinder Gottes Wort hören sollen. Gott befiehlt dem Volk Israel durch Mose: »Und diese Worte, die ich dir heute gebiete, sollst du zu Herzen nehmen und sollst sie deinen Kindern einschärfen ...« 5. Mose 6, 6.7.

Er spricht von Abraham: »Denn dazu habe ich ihn auserkoren, daß er seinen Kindern befehle *(es ihnen nicht nur als Möglichkeit hinstelle)* und seinem Hause nach ihm, daß sie

des Herrn Wege halten und tun, was recht und gut ist, ...«
1. Mose 18, 19.

»Mein Kind«, ermahnt Gottes Wort, »bewahre die Gebote *deines Vaters* und laß nicht fahren das Gesetz *deiner Mutter*.«
Sprüche 6, 20.

Und den gläubigen Vätern gebietet Paulus: »Und ihr Väter, reizt eure Kinder nicht zum Zorn, sondern erzieht sie in der Zucht und Ermahnung zum Herrn.« Epheser 6, 4.

Für die Ältesten einer Gemeinde hat Gott besondere Anforderungen, die sich bis auf ihre Familien erstrecken. »Einer, der seinem eigenen Haus gut vorsteht und gehorsame Kinder hat mit aller Ehrbarkeit.« 1. Timotheus 3, 4.

»... wo einer untadelig ist, Mann einer einzigen Frau, der gläubige Kinder hat, die nicht im Ruf stehen, liederlich oder ungehorsam zu sein.« Titus 1, 6.

Die erste und von Gott her gesehen die wichtigste »Schule«, in der die Kinder von Gott, seinen Wegen und seinem Heil hören sollen, ist das Elternhaus. Vater und Mutter tragen vor Gott Verantwortung und haben das Vorrecht, ihren Kindern den Weg zur Erlösung zu zeigen.

Wird von diesem Vorrecht Gebrauch gemacht? Geht es nicht oft in viel schärferem Maße um gute Ausbildung, gute Ernährung und Kleidung? Welche Eltern bemühen sich nicht, ihrem Kind das Beste mitzugeben, was ihnen zur Verfügung steht! Aber geben Sie ihnen wirklich das Beste? Fängt die elterliche Fürsorge nicht oft mit irdischen Dingen an und hört auch damit auf? Eines Tages schrieb ein Vater, der regelmäßig im Radio die »Fröhliche Kinderstunde« gehört hatte:

»Ich habe nie gewußt, was ich meinen Kindern schuldig bin. Doch jetzt sehe ich es: Ich muß sie christlich erziehen. Wie kann ich das aber, wenn ich selbst kein Christ bin?«

Herrscht in der Kindererziehung unserer Familien eine von Gott geplante Ordnung? Welcher Vater hat Zeit für seine Kinder? Wer spricht mit ihnen über ihr ewiges Heil? Welche Antwort bekommen Jungen und Mädchen, wenn sie Fragen und Zweifel zum Ausdruck bringen? Achselzucken, Moralpredigten? Werden sie zum Pfarrer oder Prediger geschickt?

Oder gehen Vater und Mutter auf die Probleme ihrer Kinder ein? Stellen sie sich mit ihnen auf dieselbe Stufe vor Gott und erhalten sich so das Vertrauen ihres Kindes? Leben sie vor ihren Kindern ein Leben, das sich nach Gott ausrichtet und ihre Worte glaubwürdig macht? Sehen die Kinder am Montag bei den Eltern, was sie am Sonntag gehört haben?

Wer kümmert sich in Liebe und Sorgfalt darum, daß die Kinder ein persönliches Verhältnis zur Heiligen Schrift erhalten? »Man soll aber nicht zu früh anfangen«, meinen viele. Es kommt eben sehr darauf an, wie den Kindern das Wort Gottes nahegebracht wird. In welcher Familie gibt es heute noch Hausandachten? Wie sind sie gestaltet? Wird den Kindern hier wirklich etwas von der biblischen Botschaft vermittelt oder sind sie ein notwendiges Übel, das man stillschweigend über sich ergehen lassen muß und froh ist, wenn das Schlußlied verklungen ist? Wie oft stellen die Eltern durch gelegentliche Rückfragen fest: Die Kinder haben nicht zugehört. Sie hockten still auf ihren Stühlen und träumten.

In Jugendgruppen wurde die Erfahrung gemacht, daß junge Menschen anscheinend aufmerksam dabeisaßen, von dem Gehörten aber so gut wie nichts aufnahmen. In Einzelgesprächen stellte sich fast ohne Ausnahme heraus, daß sie es von Kindheit an so gewohnt waren.

Lieder lockern die täglichen Hausandachten auf und schaffen eine frohe Gemeinschaft. Besonders interessant wird es für die Kinder, wenn sie selbst Lieder wünschen, ja vielleicht hin und wieder einmal vorlesen dürfen.

Folgendes Erlebnis ist typisch für unsere modernen Familien: Da wird in einem Dorf ein neuer evangelischer Kindergarten eröffnet. Während der ersten Tage herrscht großes Durcheinander, bis sich die vielen kleinen Kinder daran gewöhnen, zu gehorchen, wenn etwas gesagt wird. In der Frühstückspause darf man nicht einfach fröhlich ins Butterbrot beißen; es gilt, zunächst aufzuräumen usw. Den tiefsten Eindruck macht den Kindern, daß sie die Hände falten und beten, bevor sie essen. Auf dem Rückweg vom Kindergarten kommt ein kleiner Bub an einem Bau vorbei und sieht, wie die Männer ihre Butterbrote auswickeln und hungrig hineinbeißen. »Onkel, wir haben aber im Kindergarten gelernt«, ruft er fröhlich und unbekümmert hinüber, »daß wir erst beten sollen, bevor wir essen. Tust du das nicht? Wir machen es jetzt zu Hause auch.« Der Mann murmelt etwas und hört ein wenig belustigt zu, da fährt der Kleine fort:

»Soll ich dir mal vorbeten, was wir sagen?« Ohne Scheu faltet er die Hände und spricht mit lauter Stimme sein Tischgebet. Auf der Baustelle ist es still geworden. Der Kleine hat geendet und ist nach Hause gelaufen.

Es zeigt sich immer wieder, daß gerade Kleinkinder gern lernen und alles Neue begierig aufnehmen. Bietet sich nicht dadurch den Eltern die schönste Gelegenheit, ihren Kindern das Beste zu geben; ihnen Gott und sein Wort liebzumachen?

Welche Antwort werden Sie auf die Frage Gottes: »Wo sind deine Kinder?« geben? Kann sie heißen, wie der Prophet Jesaja sagt: »Siehe, hier bin ich und die Kinder, die Gott mir gegeben hat.«

B. Kindergottesdienst und Sonntagsschule

Ein elfjähriger Junge schrieb eines Tages: »Du hast mir so viele Fragen gestellt. Ich kann sie nicht beantworten, denn ich weiß nichts von Gott. Erzähl du mir bitte, denn meine Eltern können es nicht. Ich habe sie schon gefragt.«

Ist das eine Ausnahme? Leider nicht.

In dieser Lücke der Elternhäuser hilft die Gemeinde und sammelt die Kinder, um sie im Wort der Bibel zu unterweisen. Ziel dieser Arbeit ist, die Kinder mit Gott, seinem Wort und seinen Wegen vertraut zu machen, Bibelverse zu lehren, damit die Kinder sich in ihrem späteren Leben darauf verlassen können. Ist das alles? Für manche Gemeinden ja; andere sehen mit diesem ersten Ziel noch ein zweites: dem Kind zu zeigen, was Gott von ihm erwartet und ihm zu helfen, durch Jesus Christus in persönliche Gemeinschaft mit Gott zu kommen.

»Daß sie setzten auf Gott ihre Hoffnung und nicht vergäßen der Taten Gottes und seine Gebote hielten« Psalm 78, 7. Vertrauen kann nur entstehen, wenn der eine den andern kennt. Steht nicht immer wieder über Kindergottesdienst und Sonntagsschule das Wort Jesu Christi: »Laßt die Kinder zu mir kommen und wehret ihnen nicht«?

So ist die biblische Unterweisung der Kinder wie eine offene Tür, durch die sie hindurchgehen können, um den Heiland persönlich kennenzulernen. Er sagt von sich: »Wer zu mir kommt, den werde ich nicht hinausstoßen.«

Viele Fragen drängen sich beim Gedanken an diese Arbeit auf. Das Bild in den einzelnen Gemeinden ist sehr unterschiedlich. Vor Gott aber kann nur der wirklich ein Kind lehren, der tut, was Gott sagt. Der große Erweckungsprediger Spurgeon sagte einmal: »Um die Kleinen zu lehren, haben wir unsere fleißigsten Studien, unsere ernstesten Gedanken, unsere reifsten Kräfte nötig. Der weiseste Mann muß alle seine Fähigkeiten anstrengen, wenn er mit Erfolg ein Lehrer der Jugend sein will.« Es kommt dabei nicht in erster Linie auf das Alter der Lehrenden an, sondern auf ihre innere Einstellung zu Jesus Christus.

1. Wer lehrt die Kinder?

Wie oft wird ein junger Mensch gefragt:

»Möchten Sie nicht am Sonntagmorgen mithelfen in der Kinderstunde? Wir brauchen in einer Gruppe noch einen Helfer.«

2. Welche Vorbereitung haben die Helfer?

»Nun ja, aber ich kann das doch gar nicht!«

»Das ist nicht so schlimm. Man kann alles lernen. Besuchen Sie nur regelmäßig unsere Vorbereitungsstunden, dann wird es schon gehen.«

Viele junge Menschen sind bereit, diese Aufgabe gern und regelmäßig zu erfüllen. Aber wo finden sie Hilfe? Wird ihnen in den Vorbereitungsstunden gezeigt, wie eine Geschichte erzählt wird? Wie sie den Kindern helfen können, stillzusitzen? Können sie offen über Probleme, die ihnen einzelne Kinder bereiten, sprechen? Wird für die Kinder gebetet? Finden überhaupt regelmäßige Vorbereitungsstunden statt?

Fragen über Fragen, die sicher in jeder Gemeinde anders beantwortet werden müssen. Aber es ist notwendig, dem jungen Mitarbeiter für diesen verantwortungsvollen Dienst auch die nötige Ausbildung zu geben.

Trotz bestem Wollen ist nicht jeder Helfer imstande, den Kindern am Sonntagmorgen das Richtige in ansprechender Weise zu sagen. Er braucht Unterweisung und oft auch das Bewußtsein: Ich stehe nicht allein.

Zur Vorbereitung in der Helferstunde kommt die persönliche Vorbereitung. Es ist nicht möglich, nur vom Hören des Vorbereitungstreffens her eine gute Kindergottesdienststunde zu halten, die Kinder zu fesseln und ihnen in der kurzen Zeit das

Wichtigste des Textes, der besprochen werden soll, mitzugeben.

3. Helferdienst nur Sonntagmorgen?

Vielen Helfern fällt erst am Samstagabend ein: »Ach, morgen habe ich ja die Gruppe zu leiten!« Dann gibt es ein hastiges Vorbereiten, und am nächsten Morgen stehen sie vor Kindern, an die sie die ganze Woche über nicht gedacht haben und möchten ihnen die Liebe Gottes großmachen. Wie sollen sie dazu imstande sein? Dienst am Kind am Sonntagmorgen bedeutet eine ganze Woche Leben mit Gott, sonst wird er keine Frucht bringen.

Ist der Helfer wirklich mit Freude dabei? Unternimmt er auch schon mal einen Spaziergang mit den Kindern seiner Gruppe? Oder steht er wie so viele junge Menschen auf dem Standpunkt: Jeden zweiten Sonntag will ich es wohl tun! Aber man muß sich ja auch mal ausschlafen können! Und schließlich will man sich ja auch mal etwas vornehmen.

Für die Kinder bringt das manche Schwierigkeiten mit sich. Jedesmal ist die Stunde anders. Der eine kann unmöglich den Faden aufnehmen genau an der Stelle, wo der andere ihn in der Stunde vorher abgebrochen hat. Und das Interesse des Helfers ist eben auch nicht ganz dabei, wie wenn er wirklich die gesamte Verantwortung trüge.

Da sitzt eine Gruppe Helfer zusammen, zwölf junge Menschen. Wir haben uns während des Wochenendes mit verschiedenen Fragen der Kinderarbeit beschäftigt. Es sind prächtige junge Leute, nur eins fehlt: die völlige Überzeugung, dieses Sich-Einsetzen-Wollen. Niemand unter ihnen ist bereit, zu sagen: »Ich bin jeden Sonntag da.« Aber es will auch niemand ganz aufhören. Welch erschütterndes Bild!

»Man kann sich doch nicht so binden.«
»Man muß schließlich seine eigene Freiheit behalten.«
»Ich muß auch mal mit meiner Mutter spazierengehen.«

Es kommt zu keiner Klarheit. In der folgenden Zeit blieb das alte Bild. Niemand wußte, wer am nächsten Sonntag da war. Es konnte geschehen, daß ein Helfer plötzlich ganz allein dastand und am folgenden Sonntag alle zwölf kamen. Diese Arbeit hat nicht lange angehalten. Sie verlief im Sande.

4. Was haben die Kinder gelernt?

Diese Frage ist wichtig, denn sie gibt dem Helfer Gelegenheit, zu prüfen, ob seine Art und sein Unterricht den Kindern weitergeholfen haben. Deshalb gilt es, bei Hausbesuchen im

Gespräch mit den Eltern oder im zwanglosen Plaudern mit den Kindern festzustellen, welchen Eindruck Jungen und Mädchen mit nach Hause nehmen. Was sie erzählen, soweit sie überhaupt erzählen. Durch Hausbesuche wird der Helfer in der Lage sein, den Kindern am nächsten Sonntag die biblische Geschichte praxisorientierter zu erzählen.

Beginnen wir pünktlich oder warten wir jeden Sonntag auf die Nachzügler? Gibt es überhaupt einen guten, geschlossenen Anfang? Er ist wichtig für den gesamten Ablauf der Stunde. Und wie gehen die Kinder nachher nach Hause? Laufen sie nach der Zusammenfassung einfach auseinander, oder gelingt es, sie zu einem wirklichen Schluß zusammenzuhalten, ohne daß schon Mäntel angezogen und Mützen aufgesetzt werden und verschiedenes Spielzeug erscheint? Dazu wird es viel Planung und Gebet brauchen. Aber die Kinder werden bald wissen und sich auch danach richten, daß wir die Stunde ordnungsgemäß beginnen und schließen.

5. Beginn und Ende der Stunde

Die Antwort dieser Frage hängt von mehreren Voraussetzungen ab: Ist der Unterricht kindgemäß? Wird das einzelne Kind beachtet? Bemerkt der Mitarbeiter, ob es fehlt? Wird er es besuchen? Wird der Geburtstag gefeiert und ein Lied gesungen? Manchmal entstehen organisatorische Engpässe, wenn z.B. die Kinder auf mehrere Gruppen aufgeteilt werden, aber nicht genug Räume zur Verfügung stehen.

6. Fühlen sich die Kinder im Kindergottesdienst wohl?

Kann das Kind in der Gruppenarbeit hören, was ihm gesagt wird? Oft ist es technisch kaum möglich, denn zwischen den einzelnen Gruppen gibt es nur zwei Bänke Zwischenraum, und manchmal hören die Kinder den Helfer der anderen Gruppe viel besser als ihren eigenen. Oft ist es nicht einfach, eine Besserung zu erzielen. »Wir haben früher noch enger zusammengesessen und doch aufgepaßt«, argumentiert mancher Erwachsene. Aber vielleicht kann man mit Überlegung doch kleine Änderungen erreichen, und wenn es nur die ist, daß eine Gruppe am Ende ihrer Bänke sitzt und zum Gang hinsieht, während die andere Gruppe am entgegengesetzten Ende der zwei nächsten Bänke Platz nimmt und sich zur Wand hin dreht.

Vor allem sollte, wenn es nur irgendwie möglich ist, die Gruppe der vorschulpflichtigen Kinder einen Raum für sich haben, damit sie mehr singen, fragen und sich bewegen können.

Eine Hilfe bieten die Flanellbilder, die man hin und wieder bei der Zusammenfassung verwenden kann. Manche Gemeinden lassen an bestimmten Sonntagen die Gruppenarbeiten ausfallen und nehmen alle Kinder zusammen. Dabei erzählen sie die Geschichte an Hand von Bildern. Wieder andere Gemeinden beschränken sich auf einen gemeinsamen Anfang und überlassen es den einzelnen Helfern, die Geschichte in den jeweiligen Gruppen zu einem guten Schluß zu bringen. Auf diese Weise steht für die Gruppenunterweisung mehr Zeit zur Verfügung. Das letzte Lied und das Schlußgebet vereinen noch einmal alle Kinder, bevor sie heimgehen, oder jede Gruppe macht ihren eigenen Schluß. Das ist allerdings nur möglich, wenn genügend kleine Räume zur Verfügung stehen.

7. Nimmt die Zahl der Kinder zu?

Immer wieder klagen Pfarrer und Prediger: »Unsere Kindergruppen werden kleiner. Kurz vor Weihnachten nehmen sie zu, doch dann flaut es wieder ab.«

Das hat zum Teil seinen Grund in unserer trotz aller Klagen guten wirtschaftlichen Situation. Viele Väter fahren übers Wochenende mit ihren Familien ins Freie, besuchen aber an ihrem Ausflugsort nur selten den Gottesdienst, so daß die Unterweisung der Kinder sich oft nur auf ein halbes Jahr beschränkt.

Doch auch die Kinder, die zu Hause bleiben, kommen nicht regelmäßig. Was kann geschehen, um ihnen zu helfen?

a) Die beste Einladung ist eine gut durchgeführte Kinderstunde, von der das Kind so angezogen wird, daß es am nächsten Sonntag von selbst wiederkommt, andere einlädt und mitbringt.

b) Man kann über das Jahr verteilt mehrere besondere Kinderstunden einplanen, zu denen die Kinder aufgefordert werden, ihre Freunde einzuladen.

c) Einige Gruppen haben Kindern, die dreimal hintereinander dasselbe Kind abholten und mitbrachten, kleine Belohnungen gegeben. Und wenn ein Kind seinen Weg dreimal hintereinander findet, kommt es mit ziemlicher Wahrscheinlichkeit auch öfter.

d) Wenn Kinder kleine Aufgaben bekommen, fühlen sie sich verantwortlich und sind pünktlich. Sie weisen z. B. gern andern die Plätze zu, helfen beim Aufhängen der Mäntel, verteilen Liederbücher oder Bibeln. Sie dürfen das Eingangslied vorschlagen und sich neben den Leiter stellen, wenn es gesungen wird, helfen beim Basteln.

e) Gebet um äußeres und inneres Wachsen der Kinderarbeit. Es geht darum, nicht nur viele Kinder zu erreichen, sondern ihnen auch innerlich zu helfen. Sehr oft entscheidet sich in der Kindheit, wer als junger Mensch oder als Erwachsener ein treues Glied der Gemeinde wird.

Hier ist eine Gemeinde, in der sich der Pfarrer und seine Frau sehr um die Kinder mühen. Die Gottesdienstbesuche waren schwach, aber nach einiger Zeit stieg der Kindergottesdienstbesuch. Kinder wurden innerlich ergriffen, einige entschieden sich, und nach wenigen Jahren erlebte der Pfarrer die Erhörung seiner Gebete: Eine Jugendgruppe entstand, junge Menschen wurden bereit zu helfen, und der Gottesdienstbesuch stieg.

In einer anderen Gemeinde steigt zu Ostern die Jugendgruppe um das Doppelte an: Die Vierzehnjährigen werden von der Sonntagsschule in den Jugendkreis überwiesen. Sie nehmen an einigen Jugendstunden teil, dann bricht es aus ihnen heraus: »Warum geht das bei euch so langweilig zu? Könnt ihr nichts aus der Bibel lernen? Bei uns war es viel interessanter!« Nach einiger Zeit erfahren die Jugendlichen einen inneren Umschwung. Es kommt so weit, daß sie auf die Straße gehen, einladen und Mission treiben. Plötzlich ist es für sie auch kein Problem mehr, regelmäßig die Gemeindestunde zu besuchen.

»Wir haben 500 Kinder im Kindergottesdienst«, erzählt ein anderer Pfarrer glücklich. »Und 50 Helfer sind regelmäßig da.«

»Da müssen Sie aber eine große Jugendgruppe haben«, fragen wir.

»N-N-Nein, das haben wir nicht. Unsere Jugend steht ganz in der Arbeit unter den Kindern.«

Natürlich bleibt hier nun die Frage offen: Wo sind die vielen andern jungen Menschen geblieben, die treu zum Kindergottesdienst gekommen waren?

C. Die Kinderstunde im Haus

»Stellen Sie sich vor«, schrieb mir vor einiger Zeit eine Mutter
– und dieser Brief steht in seiner Art gar nicht allein da – ,
»ich hatte Kinder aus der Nachbarschaft eingeladen, bei uns
die »Fröhliche Kinderstunde« im Radio zu hören. Sie kamen
auch. Und als die Viertelstunde um war, sahen sie mich überrascht an:
»Ist das schon zu Ende?«
Ja, Kinder, diese Sendung dauert nur eine Viertelstunde. Am
nächsten Donnerstag dürft ihr wiederkommen. Sie waren
schnell verschwunden und beim nächstenmal pünktlich da.
Und denken Sie, was geschah: Die Viertelstunde war ihnen zu
kurz, und am Ende baten sie mich: Können Sie nicht mit uns
noch ein Lied singen? Sie können uns sicher auch eine
Geschichte erzählen und mit uns beten? Und so halten wir es
jetzt immer. Zuerst hören wir die Sendung, und dann machen
wir weiter. Wir haben jetzt regelmäßig bis zu 20 Kinder, die
aus der Nachbarschaft in meine Wohnung kommen. Die nächste Kirche ist so weit entfernt, daß die Kinder kaum hinkön-
nen.«
Viele Mütter haben diese Gelegenheit ergriffen, um Kindern
ihrer Nachbarschaft von Jesus Christus zu erzählen. Das
bringt viel Arbeit mit sich: Nicht nur, daß die Wohnung
schmutzig wird, die Mutter muß sich ja auch vorbereiten.
Meistens machen es zwei zusammen. Welche Möglichkeit
liegt hier, Kindern im kleinsten Kreise die biblischen Wahrheiten nahezubringen, die sie sonst kaum hören würden!

D. Besondere Gelegenheiten

*1. Die Kinder-
woche*

In dieser Woche werden die Kinder jeden Nachmittag zu einer
Kinderstunde gesammelt, in der ihnen das Evangelium
gebracht wird. Es geht hierbei besonders um den evangelisti-
schen Ruf. Alle Altersgruppen sind zusammengenommen. Da
Bilder gebraucht werden, bedeutet es meistens keine
Schwierigkeiten, den Kindern das zu sagen, was für sie wichtig ist. Oft haben wir es erlebt, wie manch ein Kind während
einer solchen Woche nicht nur zum Nachdenken kam, sondern

seine Entscheidung für Jesus traf und später ein treues Glied seiner Gemeinde wurde. Einige der Kinder, die in Kinderwochen zum Herrn Jesus kamen, sind später auf Bibelschulen gewesen und sind heute auf dem Missionsfeld.

Freizeiten bieten eine ganz besondere Gelegenheit, Kinder in einer geschlossenen Gemeinschaft für ein bis zwei Wochen mit dem Wort der Bibel vertraut zu machen. Wir spielen zusammen, wir nehmen gemeinsam die Mahlzeiten ein; wir wandern zusammen und halten gemeinsame Bibelstunden. Wir singen und wir beten gemeinsam. So eine Woche bedeutet im Leben eines Kindes oft eine grundlegende Änderung. Auf verschiedenen Freizeittreffen, die im Anschluß an die Freizeiten stattfanden, war es eine Freude zu beobachten, daß der Same, den ein Kind aus der Freizeit mitgenommen hatte, aufgegangen war.

2. Freizeiten

Diese Arbeit unterscheidet sich von der Kinderwoche dadurch, daß die Kinder nicht nur biblische Geschichten hören, sondern in möglichst viele kleine Gruppen eingeteilt werden, damit sie während der Zeit der Ausdrucksübungen – zeichnen, kleben, basteln – gut beaufsichtigt werden können und ihnen die erforderliche Hilfe zuteil wird. Diese Ausdrucksübungen erhöhen den Wert dieser Stunden ungemein, da sich das Gehörte durch das Tun den Kindern sehr gut einprägt.

3. Kinderwerbewoche

Diese Arbeit hat ihren Namen erhalten, weil sie in den Ferien durchgeführt wird. Es ist eine Art Freizeitarbeit, aber hier sind weder Reisegeld noch lange Vorbereitungen nötig, um ein entsprechendes Heim zu finden. Man braucht kein Geld, um die Kinder unterzubringen, keine Helfer, die für die Kinder sorgen. Hier werden die Kinder lediglich eingeladen, an jedem Tag für zwei bis drei Stunden in den Gemeindesaal zu kommen.

4. Ferienbibelschule

Dadurch, daß die Ferienschule sich jeden Tag über mehrere Stunden erstreckt, ergeben sich besondere Möglichkeiten:

a) Kinder für Jesus Christus zu erreichen und

b) Kinder, die sich entschieden haben, weiterzuführen und in der Bibel zu unterweisen.

So eine Ferienschule kann eine Woche oder zehn Tage dauern und sollte, wie auch die Freizeit, unter einem Hauptthema stehen. Die Kinder können am Anfang der Ferienschule ein Merkbüchlein bekommen, in das sie entweder regelmäßig den

Tagesablauf eintragen oder nur das schreiben oder zeichnen, was ihnen am meisten Freude bereitet hat. Das ist eine gute Hilfe für die Mitarbeiter, die sehen können, was die Kinder am besten erfassen und was sie besonders beeindruckt.

Es ist nicht gut, bei einer Ferienschule alle Altersgruppen zusammenzunehmen. Besteht nicht die Möglichkeit, zwei Gruppen in zwei verschiedenen Sälen unterzubringen, ist es besser, getrennte Arbeiten für die verschiedenen Altersstufen durchzuführen. Mancher junge Mensch, besonders Schüler an weiterführenden Schulen – und es ist ja Ferienzeit – erlebt in einer derartigen Woche so viel Segen, daß er zur regelmäßigen Mitarbeit gewonnen wird.

Eine Ferienschule kann sich über den ganzen Tag erstrecken und gemeinsames Essen, Wandern und Spielen einschließen oder auch nur für den Vormittag geplant werden.

Die Zeiteinteilung der drei Stunden könnte dabei etwa so aussehen:

9.00-9.20 Uhr: Andacht.

a) Die Kinder kommen gemeinsam herein und singen dabei ein bekanntes Lied. Dieses Anfangslied bleibt während der Dauer der Ferienschule dasselbe.

b) Begrüßung, bei der besonders die neuen Kinder willkommen geheißen werden.

c) Anbetungslied.

d) Gebet des Leiters.

e) Verlesung eines Schriftabschnittes. Dieser Abschnitt muß jeweils zum Thema des Tages passen. Manchmal ist es gut, hier große Kinder einzusetzen, besonders, wenn die Ferienschule als Nacharbeit einer Kinderwoche oder Zeltarbeit gedacht ist.

In einer Stadt erlebten wir, daß die Kinder nicht nur den Abschnitt lasen, den ich ihnen einige Tage vorher angegeben hatte, sondern auch einige Worte dazu sprachen, bei denen die andern Kinder überaus aufmerksam zuhörten.

9.20-9.50 Uhr: Biblische Geschichte – Altes Testament.

9.50-10.00 Uhr: Zeugnisse oder Gebetsgemeinschaft oder Auswendiglernen der Bücher der Bibel. Diese Zeit kann ja nach den Bedürfnissen der Kinder verschieden ausgefüllt werden.

10.00-10.20 Uhr: Pause. Während dieser Zeit wollen wir gemeinsam spielen und uns untereinander kennenlernen. Sie bietet zugleich eine Möglichkeit für Kinder, die eine Aussprache wünschen.

10.20-10.40 Uhr: Frohes Singen, bei dem neue Lieder gelernt werden und manchmal auch ein Wunschsingen veranstaltet wird.

10.40-11.00 Uhr: Biblische Geschichte – Neues Testament.

11.00-11.35 Uhr: Basteln, biblische Geographie oder Sprüche wiederholen. Hier handelt es sich wieder um eine Zwischenzeit, die so ausgefüllt wird, wie es für die Kinder am besten ist. Das Basteln gibt ihnen eine gute Möglichkeit, das auszudrücken, was sie vorher gehört haben.

11.35-11.50 Uhr: Missionsgeschichte. Die Kinder werden begeistert sein, wenn ihnen eine fortlaufende Missionsgeschichte erzählt wird, möglichst mit Dias.

11.50-12.00 Uhr. Bekanntmachungen und Schluß.

Als Abschluß der Ferienschule kann man sehr gut einen Elternabend veranstalten, an dem die Bastelarbeiten ausgestellt werden und die Kinder in bunter Reihenfolge erzählen, was sie gelernt haben. Darauf folgt eine Botschaft für Kinder und Eltern, meistens an Hand von Flanellbildern. Viele Eltern, die sonst nicht zu bewegen sind, ihren Fuß ins Gotteshaus zu setzen, hören so die Botschaft des Evangeliums.

Ein Kindertag kann ein Höhepunkt im Leben von Jungen und   *5. Kindertag*
Mädchen sein, wie eine Bibel-Konferenz im Leben der Erwachsenen. Das Zusammentreffen mit vielen anderen, so daß es schließlich eine große Schar wird, bleibt unvergeßlich. Und Kinder brauchen solch ein Erleben. Ein Junge schrieb eines Tages:

»Sag mal, Tante Ruth, gibt es eigentlich außer mir noch ein Kind, das auch dem Herrn Jesus gehört und ihn liebhat?«

Noch ein Kind? Wie einsam mochte dieser Junge sein! Als ich ihm von Kindern erzählte, die auch dem Herrn Jesus folgen, schrieb er glücklich zurück:

»Wenn du das sagst, ist es für mich nicht mehr so schwer, wenn ich allein bin.«

An solch einem Kindertag können die verschiedenen Gruppen ihren Beitrag leisten: durch Spielen, Bibelquiz oder Singen.

Wir haben in verschiedenen Sommern am Strand der Ostsee   *6. Kinderarbeit*
durch Spielen und persönliches Einladen Kinder gesammelt,   *im Freien*
erst mit ihnen gespielt, gesungen und ihnen zum Schluß eine

Geschichte aus der Bibel erzählt. Das ist nicht leicht, denn draußen sitzen andere daneben und lachen oder spotten, und doch machten wir immer wieder die Erfahrung, daß die Kinder aufmerksam zuhörten.

Ähnlich kann man in Parkanlagen arbeiten. Die Erlaubnis der städtischen Behörden wird meistens ohne Schwierigkeiten gegeben. In den Ostseebädern verursachte es keine Mühe, von der Kurdirektion die Genehmigung für solche Stunden zu erhalten.

7. Radioarbeit   Es geht darum, die Kinder auf verschiedene Art und Weise mit der Botschaft der Bibel zu erreichen.

Wenn die Kinder nicht mehr zu uns kommen, dann müssen wir eben zu ihnen gehen. Aus diesem Grunde strahlten wir Woche für Woche die Sendung die »Fröhliche Kinderstunde« aus, um auch denen, die nicht direkt erreicht werden können, die Frohe Botschaft durchs Radio zuzurufen. Und Tausende von Briefen, die keineswegs nur aus Deutschland kommen, zeigen, wie sehr diese Sendung gehört wurde und wieviel das Wort Gottes ausrichtet.

»Wirf dein Brot hin auf die Wasserfläche!« – wirf es mitten unter die Kinder deiner Stadt, deiner Gemeinde, deiner Umgebung – »denn du wirst es nach vielen Tagen wiederfinden!«

Dürfen wir empfehlen?

In unserem Verlag sind bisher zwei Hörspielkassetten für Kinder erschienen. Die vertonten Geschichten wollen den Kindern zeigen, was echte Nachfolge ist und was sie mit sich bringt. Sie können als eine gute Ergänzung zum biblischen Unterricht gebraucht werden.

Mubo, ein kleiner blinder Afrikaner lernt durch einen Missionsarzt die Liebe Jesu kennen. Aber sein Volk will weder der Botschaft des Glaubens noch von der Medizin der Weißen etwas hören. Die Angst, die Geister zu erzürnen, ist zu groß.
Als eine Seuche ausbricht, beweist Mubo seine Liebe zu Jesus und wird ein brauchbares Werkzeug für Gott.

Best.-Nr.: 10901
Preis: 8,- DM

Außer diesen beiden Hörspielen sind ebenfalls eine MC und eine CD mit Kinderliedern zu Weihnachten erschienen.

Weitere Hörspiele, Liederkassetten und Bücher für Kinder befinden sich bereits in Arbeit, konnten zum Zeitpunkt der Herstellung dieses Buches deswegen noch nicht veröffentlicht werden.

Genovieva hat es in der Schule nicht leicht. Und das nur, weil ihre Eltern Christen sind!

Erst als sie Jesus selber kennenlernt, scheinen ihr diese Nachteile nicht mehr so wichtig.

Eine spannende wahre Geschichte aus dem kommunistischen Rumänien. Die Unterdrückung des Christentums kann Genovieva nicht davon abhalten, ihren Glauben weiterzusagen und zu singen.

Best.-Nr.: 10900
Preis: 8,- DM

Genovieva

Eine wahre Geschichte aus Rumänien

Horspiel

Im gleichen Verlag erschienen:

Stärker als Rache und Feuerwasser - Werner Krause
Ein spannendes Missionsbuch über das Wirken des Indianermissionars
David Zeisberger. Im Kampf gegen Rachsucht und der Macht des
Alkohols bei den Indianern scheint er zu unterliegen. Doch Gott ist stär-
ker! (256 Seiten Best.-Nr.: 30803) Preis: 12,- DM

Ob tausend fallen - Peter Epp
Der Autor schildert offen seine geistlichen Kämpfe, die er als Christ in
der russischen Gefangenschaft erlebt hat. Eine Herausforderung für
jeden Leser, seine Haltung gegenüber feindlich gesinnten Menschen zu
überprüfen. (207 Seiten Best.-Nr.: 30804) Preis: 12,- DM

Wie die Mennoniten entstanden sind - J. C. Wenger
Ein kurzes Buch, das die Anfänge und die Entwicklung der Mennoniten
bis in unsere Zeit hinein zeigt. Entstehungsgründe und die Grundlehr-
themen der Mennonitengemeinden werden dargestellt. (92 Seiten)

Menno Simons - Kornelius Krahn
Der Autor gibt einen Einblick in das Lebenswerk Menno Simons und
zeigt, wer dieser Mann war und warum Gott ihn zu der Aufgabe, eine
Erweckungsbewegung zu leiten, gebrauchen konnte. (62 Seiten) Beide
Bücher sind als Doppelpack erhältlich: Best.Nr.:105 Preis: 5,- DM

Wie nahe ist das Kommen des Herrn? - Franz Peters
Heute, wo sich viele Ereignisse überschlagen und wir kurz vor dem
neuen Jahrtausend stehen, ist diese Frage aktueller denn je. Was sagt
die Bibel über das Kommen des Herrn? Welche Zeichen künden es an?
(80 Seiten Best.-Nr.: 30806) Preis: 3,80 DM

Partnerwahl aus biblischer Sicht - Peter Rempel
Ob die Ehe glücklich wird oder nicht, hängt zum großen Teil davon ab,
wie die Wahl getroffen wird. Was sagt die Bibel zu diesem Thema? Ein
Buch, das sich besonders an die richtet, die vor dieser Frage stehen.
(80 Seiten Best.-Nr.: 30805) Preis: 3, 80

...bis der Tod euch scheidet - J. C. Laney
Leider wird das Thema Ehescheidung und Wiederheirat immer aktueller.
Es gibt kaum Gemeinden, wo es dazu keine Fragen gibt. Der Autor geht
diesen Fragen nach und zeigt uns, was Gott in seinem Wort zu diesem
Thema gesagt hat. (141 Seiten Best.-Nr.: 30800) Preis: 12,80 DM

Alle Bücher und Kassetten sind zu bestellen bei:
Christliche Missions-Verlags-Buchhandlung, Elverdisser Str. 29,
33729 Bielefeld Tel.: 0521/9774974; Fax.: 0521/9774969